二十幾歲的你 還好嗎？

高敏感不是只有你，而是整個世代都太不安

人們習慣為擁有夢想
並實現夢想的人喝采，
卻忘了為自己、
為這幫
努力生存的人
鼓掌。

劉船洋 著

目錄

前言

什麼是青春？什麼是成長？我們可能還沒有完全明白就已經站在了青春的末梢，還沒來得及細細品味就已經變成了回憶。

青春期的我們曾迷茫過、彷徨過，想要嘗試改變卻又無所適從，間歇性的鬥志昂揚，持續性的萎靡不振。一邊抱怨生活，一邊又放肆地刷著美劇，糊裡糊塗地又過一天。

如果有如果，我們大多數人都會選擇另外一種生活，想要在另外一種生活中盡力避開曾經遇到的挫折與失敗。

其實，不需要有如果，也不需要我們從頭走一遍，只需要多讀幾本書，多請教老師、前輩，很多人生路上的陷阱都可以避免。很多道理，不需要我們親身經歷，更不需要我們撞得頭破血流才幡然醒悟。

從小到大，我從沒有想過爭第一，也從未取得過什麼萬眾矚目的成績。無論環境如何變化，我永遠保持在中上的水準。

恪守中庸，不是因為內心的平靜，只是不願意跳出自己的舒適區，不願意嘗試改

前言

變，最終如同溫水裡的青蛙，逐漸被這個社會淘汰。

我痛下決心嘗試改變，理由很簡單，因為我知道我現在的努力程度配不上我想要的生活。我不會幻想自己是電視劇裡的男主角，更不會臆想自己家財萬貫、帥氣逼人，不用奮鬥就可以實現自己的人生規劃。夢會醒，現實的痛會把我們打得片甲不留。

我開始堅持每周閱讀一本書，每周參加一次讀書分享交流會，我開始把買零食的錢用來購買網路課程，同樣的一百元，前者只讓我收穫了味蕾上片刻的歡愉，而後者已經開始為我的人生添磚加瓦。

越努力越幸運，漸漸地有了一定的閱讀量後，我開始想要表達，於是我嘗試寫作，在各大平台上發表文章，雖然文筆略顯稚嫩，但每一次的寫作都讓我更加清楚自己的不足之處。改變，從此刻開始。一次次地嘗試，一次次地改進，如今的我終於有機會坐在這裡寫下這本書的前言。

這是我的第一本書，我覺得一本書如果只能引起讀者的共鳴是遠遠不夠的，因為熱情過後，除了一時的感同身受之外，用處有限。所以，針對每一個實際問題，我都將自己以及同行大神們的處理方法分享給大家，希望讀完此書的你能有所收穫。

本書首先從廣大青少年朋友共有的玻璃心問題入手，詳細介紹了什麼是玻璃心、玻璃心的來源，以及如何擺脫玻璃心。透過加入簡單的測試，幫助讀者朋友認清自己玻璃心的程度，從而有針對性地作出改變，擺脫玻璃心帶給自己的煩惱。

接著，本書又從愛情、成長、處世、交友、生活五個角度切入，結合你我身邊的實例，引起讀者共鳴的同時，更給出了簡單實用的方法，幫助讀者更好地走出困境。

因為個人知識水準以及思維的局限性，我所給出的建議不可能面面俱到，所給出的方法論僅是對共同性問題的總結，讀者切勿不假思索地照搬，務必結合自身實際情況作出相應的調整。

讀書講究緣分。同樣的一本書，每一位讀者得到的感悟都不同。讀書是讀者與作者的一次深度交流，而寫作是作者與讀者的一次促膝長談。希望我的建議可以為你打開新的思路、新的視角，希望你讀完此書能有所思考、有所收穫，並採取切實的行動，真正將所學化為所用，透過不斷地修正完善，最終形成獨一無二的屬於自己的方法。

最後，感謝我的家人在寫作路上對我的默默支持，特別感謝我最可愛的三姨，她偽裝成陌生讀者，每天看我寫的文章，還總是很用心地留下一大堆很暖心的鼓勵。成長的路上，縱然全世界與你為敵，你的親人也將化身你的「迷妹」，帶給你最大的鼓勵。

感謝編輯的信任和指點，讓我有機會把自己的經驗和感悟分享給更多的朋友。成長的路上，我們並不孤單，讓我們共同努力，一起踏上夢的征程，願你我都可以成為更好的自己。

第一章　你好，玻璃心

1.1 到底什麼是玻璃心

目前玻璃心還沒有一個權威性的專業定義，有人把它歸為自卑或是抗壓能力欠缺，但這些都不能完整地概括玻璃心，只能算是其中的一部分。除此之外，玻璃心還與我們的成長環境、情緒控制能力有著密切的聯繫，想要擺脫玻璃心帶給我們的麻煩就得深入瞭解到底什麼是玻璃心。

1.1.1 玻璃心的表現

週末無聊上網，表妹氣衝衝地發來一個發怒的表情。我問出了什麼事，但她一直沒有回覆，看輸入狀態顯示正在輸入，想必有很多牢騷要發。

過了半分鐘終於收到消息，滿畫面的委屈臉，往上翻了好幾頁才看到文字：今天中午在宿舍，我看見我的兩個室友一邊說悄悄話一邊不停地朝著我這邊笑，她們一定是在背後說我壞話！

我忍不住笑表妹：「不至於吧，你怎麼知道人家是說你壞話，你這也太玻璃心了。」

「你才玻璃心呢！跟你說你也不懂！」表妹本指望我能幫她一起數落室友的「暴行」，沒成想還被冠以玻璃心的標籤，更是怒火中燒。

1.1　到底什麼是玻璃心

我們常把玻璃心掛在嘴邊，到底什麼是玻璃心呢？顧名思義，玻璃心就是一顆由玻璃製成的心，易碎。大家通常理解的玻璃心是指內心脆弱敏感，易怒，對他人給予的評論過於敏感，凡事容易往壞處聯想，常對他人的一句話或一個動作過度解讀。

目前玻璃心還沒有一個權威性的專業定義，有人把它歸為自卑或是抗壓能力欠缺，但這些都不能完整地概括玻璃心，只能算是其中的一部分。除此之外，玻璃心還與我們的成長環境、情緒控制能力有著密切的聯繫，想要擺脫玻璃心帶給我們的麻煩就得深入瞭解到底什麼是玻璃心。

別人一句無關緊要的話，讓你糾結了一晌；犯了點錯，別人覺得沒什麼，你自己卻能臆想出一堆可怕的後果，這就是最常見的擁有玻璃心的表現。

就因為別人在一起說話時朝你這邊看，你便以為別人是在針對你，就是在背後說你的壞話，我想除了表妹外，我們有時候也會忍不住這樣瞎想，只是程度不同而已。

出於課程的需要，也因為曾經深受玻璃心的傷害，我們小組成員便嘗試做了一份有關玻璃心的測試題。正好我有現成的測試題，於是我發給表妹讓她自測一下（測試題位於正文末尾）。

三分鐘過去，表妹狂罵：「你這什麼破測試題，你才是重度玻璃心，你全家都是重度玻璃心！」

第一章　你好，玻璃心

玻璃心的人容易胡思亂想，甚至有著不同程度的被害妄想症。倘若哪一天你突然被人說成玻璃心，想必你也會立刻炸毛，覺得別人是在侮辱你。我們小組透過對一百多位測試者的身邊親友進行調查，得出的測試結果總體來說是符合測試者的實際情況。也就是說，很多人根本就沒有認識到自己有一顆玻璃心！更有很多人拒絕承認自己有一顆玻璃心！

曾經遇到一個讀者加我 LINE，一上來便表達出對我拙作的喜愛，我自然覺得萬分榮幸，於是表達感謝。

接著他便開始吐槽最近遇到的煩心事，明顯不是一兩句可以說完的，當時我正在趕捷運，人非常多，很擁擠，於是我便回覆了一句：「不好意思啊，我現在在捷運上，不方便回覆，等到家再回覆。」

等到家的時候我打開手機看到讀者的回覆：「你要是不想聽我囉嗦就直說，沒必要拐彎抹角。」我急忙回覆試圖解釋，卻發現對方早已經把我刪除。我有點無奈，更覺得可笑。

只是因為對方沒能及時回覆，你便覺得對方不喜歡你，甚至是討厭你，也不給對方一點解釋的餘地就單方面結束對話。

玻璃心的人害怕被拒絕，更怕他人忽視自己、冷落自己。

學開車的時候，因為出錯，教練輕輕地擺了一下手，你便陷入了玻璃心的深淵：是不是教練不喜歡我？駕訓班同學會不會覺得我笨？練車的過程就在無限的自責中過去，直到下一次上車還是重複著同樣的錯誤，迎來的也是更嚴厲的批評。如果犯了錯的自己能及時地請教教練或者其他同學，弄明白自己錯在了哪裡，把胡思亂想的時間用來尋找解決問題的辦法，自然也就沒時間去玻璃心了。

《歡樂頌》裡面，邱瑩瑩被「白渣男」甩了之後，瘋狂地迷戀上了所謂的成功學，好心的安迪直言不諱地指出邱瑩瑩所看的成功學具有明顯漏洞，邱瑩瑩非但沒有領情，還覺得是安迪瞧不起自己。

玻璃心的人害怕犯錯，害怕得不到大家的認可，害怕被人看不起，更害怕被孤立。歸根究柢，自卑一直埋在心底。一旦別人指出自己的不足就覺得對方在否定自己，覺得對方瞧不起自己，甚至是在羞辱自己。

每個宿舍總有一個喜歡拿對方名字當作笑點，抑或是動不動就喜歡給別人取綽號的室友。如果你為此反感生氣，就會被當作玻璃心，被貼上玩不起的標籤。

有一些人明明是自己犯錯惹怒了對方，卻理直氣壯地到處傳播誰誰玩不起，玻璃心。把自己置於道德的制高點上，對方不認可自己的無理取鬧，便給對方貼上玻璃心的標籤。

這樣的玻璃心標籤，其實你可以將其扔掉。別讓對方的錯誤成為傷害你的工具，你完全可以有自己不喜歡甚至不能接受的玩笑尺度，當別人明顯對你造成實質性傷害的時候，你有權利說不。

我表妹的那種情況就不同。因為她根本就不能確定人家在針對她，只不過是別人說悄悄話的時候朝她看了幾眼，明明別人沒有此意，她卻以為別人在針對她而悶悶不樂。而如果她的室友不但朝她看幾眼還用手對她指指點點，她生氣也是理所應當的了。

1.1.2 排除兩種特殊情況

每個人的成長環境不同，因為某些身體疾病或者童年陰影造成的對某句話或者某些事件的敏感就不能算我們所講的玻璃心。

讀者小李，跟所有女孩一樣愛美，但是遺傳的原因導致她天生有白頭髮，可想而知學生時代尤其是小學時代的她遭受了多少區別對待，多少來自身邊朝夕相處的同學的嘲笑。

如今已上大學的她，因為室友趕時髦跑去染了一個奶奶灰的髮色，她和室友大吵一架，覺得室友這樣做是對自己的嘲笑。為此，她整整哭了好幾天，看到我寫的有關玻璃心的文章之後跑來向我訴苦。

我知道她的室友沒有惡意，只是沒有考慮周全，刺激到了小李的痛點。難道我能說小李玻璃心了？我想不是，她童年的傷害還歷歷在目，難以釋懷。

曾經的室友小A，一場變故讓他失去了父母，從此成了孤兒，很難想像那段時間他是怎樣熬過來的。但剛在一起的時候大家都不知道，一個人出門在外難免會懷念老媽做的菜，晚上幾個室友躺下來越說越起勁，唯獨小A戴著耳機追劇，不瞭解內情的室友小C還直讓小A講講自己老媽都有什麼拿手菜，暑假回去大家都學那麼一兩招，等開學的時候來個百家宴。被小C逼得煩了，小A吼了一句：「我沒媽。」

死一般的寂靜，誰都沒說話，不一會兒，我們便聽到從室友小A那邊傳來的抽泣聲。

讀者小李因為身體的疾病和室友小A因家庭變故造成的敏感易怒，還真不是一個簡單的玻璃心可以概括的。但我還是想勸他們試著看淡，畢竟只有這樣才能真的減輕這些事情帶給自己的傷害。

1.1.3 測試看看你的玻璃心程度

如果對此感興趣的話，不妨測試看看你是不是玻璃心。

（請完全遵照自己的現狀來作答，不用擔心選哪一個答案會更好）

一、你是否有一個美好的童年？

A 糟透了　B 正常　C 童話般美好

二、你是否會因為別人的一句話而耿耿於懷？

A 從來沒有　B 偶爾會　C 經常

三、你是否能夠虛心接受別人的意見？

A 完全可以　B 偶爾可以　C 不能或很少

四、你能否自如地應對各種社交場合？

A 完全可以　B 疲於應對　C 拒絕社交

五、你是否有一個清晰的人生規劃？

A 有著清晰的規劃　B 偶爾會做計畫　C 沒有

六、你是一個容易滿足的人嗎？

A 很容易　B 偶爾不甘心　C 不滿足

七、你可曾想過輕生？

A 完全沒有　B 偶爾想過　C 經常

八、你是否能準確表達出自己的所思所想？

A 完全可以　B 偶爾能夠　C 我總是所說跟所想的有出入

九、你是否能實現經濟上的獨立？

A 完全可以　B 需要部分借助　C 我不可以

十、你是否想要追求完美？

A 不會　B 偶爾會　C 事事追求完美

十一、你總是擔心給別人造成麻煩？

A 不會　B 偶爾覺得　C 很擔心

測試結果分析：

A：一分 B：兩分 C：三分

(一) 一至十分　拒絕玻璃心

恭喜你，你有一顆鋼化的玻璃心，有著良好的情緒調節能力，無論在日常生活還是愛情中，你的玻璃心帶給你的傷害都不會對你產生長久影響。

(二) 十一至十八分　輕度玻璃心

你有輕微的玻璃心症狀哦，不過別擔心，這是很正常的表現，大多數人都會有不同程度的玻璃心。需要注意的是，當生活或愛情遭受突然變故的時候，及時作出調整，釋放負能量，積極面對生活。

(三) 十九至二十五分　中度玻璃心

從測試結果來看你有中度的玻璃心。此類朋友在愛情中多處於弱勢，不是因為自卑，而是愛得太深，害怕失去。在生活中你玻璃心的程度會遠小於在愛情中的程度。學會用理性思維來解決問題，便可以很輕鬆地減輕玻璃心的症狀。

(四) 二十六至三十三分　重度玻璃心

你有著一套自己的處世規則，可越接觸社會，你就會越覺得現實社會跟你想像中的美好有著天壤之別。你一時間難以接受，經常因為一點打擊就心情煩悶，甚至寢食難安。你害怕被孤立，玻璃心已經給你的生活造成了不小的負面影響。但是別擔心，玻璃心不是不可逆的，只要透過一些簡單實用的方法就可以改變。

說明：非專業心理學測試，僅供參考！

因為目前玻璃心並沒有一個專業定義，本測試題僅把玻璃心的來源作為主要調查方向。

1.2　玻璃心到底毀了你多少

玻璃心會毀了愛情、親情、友情，亦會毀了你的事業、學業等。所以，收起那可憐兮兮的玻璃心，正確認識玻璃心，儘早擺脫玻璃心帶給我們的傷害吧。

1.2.1 玻璃心對職場的危害

知道了玻璃心到底是什麼，也知道了玻璃心對我們的生活產生諸多的負面影響，但是你知道玻璃心會給你帶來多少危害嗎？

田琳是一個初入職場的應屆畢業生，和大多數應屆畢業生一樣，在遭受了無數次拒絕後，她終於得到了一次實習機會。

田琳的主要工作就是協助上司做好綜合工作、協調各部門工作和處理日常事務，就是很簡單的文祕工作。跟上司接觸得太近，再加上日常工作很瑣碎，初入職場的田琳總是會犯各種低級錯誤。好在田琳勤奮好學，她很少會重複犯錯，上司對她也是讚賞有加。

但有一次因為太忙，她竟然忘記將上司要她傳給某客戶的檔案傳過去，等客戶打電話給上司詢問，田琳才想起來。上司還算溫和，沒有過多批評田琳，只是要她立刻將檔傳給客戶。上司在確認是自身公司的失誤後便迅速打電話給客戶致歉，此刻的田琳站在一旁準備為自己的失誤道歉，上司因為正在通電話，還沒等田琳開口便擺手示意她出去。

本來是很正常的一個舉動，但犯了錯的田琳坐在辦公桌前早已經沒了工作的心情，一心琢磨是不是上司覺得自己太差，上司會不會不再認可自己了，上司會不會開除自己，等等。

徐洋就跟田琳不同。徐洋是個富有想像力、創造力的技術核心人員，在公司也有一定的地位。但是因為自己的一次簡單失誤讓公司損失了一筆大的訂單。上司自然氣急敗壞，直接就在總結會議上點名批評徐洋。徐洋當著全公司員工的面一拍桌子大吼一句：「老子不幹了」，「瀟灑」離去。

初入職場的田琳因為犯錯擔驚受怕，上司的一個小舉動便讓她坐立不安；職場老手徐洋，在職場摸爬滾打幾年還是沒能改掉暴脾氣，面對上司毫不客氣的批評直接甩手走人。

在競爭激烈的職場中，上司批評員工，甚至罵員工簡直可以說是家常便飯。碰到一個性格溫和的上司實屬好運，大多數上司因為管理事情過多，上級上司施加的壓力過大，難免會因為員工犯一些完全可以避免的錯誤而大發雷霆。沒有在職場中挨過上司罵的人實在是屈指可數。

犯了錯誤，我們就應該有承擔的勇氣，別因為老闆的一通訓斥就玻璃心了，臆想著老闆對自己不重視，甚至直接甩手走人。那樣做一點都不酷，只能顯示我們沒有責任感、抗壓性差。挨罵大多數是因為我們的失誤導致公司蒙受了不必要的損失，犯錯的是我們，該做的是想著如何彌補。

所以說，玻璃心讓你在職場中瞻前顧後，沒有魄力，亦讓你經受不了一點打擊，一次公開的批評都有可能成為壓倒你的最後一根稻草。

銀行董事長彭蕾在一次會議中發表自己關於「什麼是合格人才」的看法，其中很重要的一點就是要「皮實」。什麼是皮實?首先，就是希望員工有足夠的抗壓能力，能收起易碎的玻璃心，問題發生的時候不是自責、無助，而是尋找解決問題的辦法；其次，也是希望員工有一個良好的心態，懂得自我調節，保持積極樂觀的工作態度。

同理，很多同學經常會因為一些小錯誤被老師訓斥，此刻的我們亦要收起那毫無用處的玻璃心，仔細傾聽老師的教誨，知道自己到底哪裡出了錯，並找出犯錯的原因，在犯錯中不斷成長。

1.2.2 玻璃心對人際關係的影響

我收到過一位讀者M女孩的來信，不是詢問該怎樣擺脫玻璃心，而是求助該如何跟玻璃心的人相處。

M女孩給我舉了很多室友玻璃心的例子，其中有件事情讓我印象頗為深刻，甚至忍

俊不禁。M女孩告訴我她的室友就是一個玻璃心的重度患者。週末宿舍幾個人約好一起吃飯，原本開開心心的，就是因為M女孩出門的時候沒在意勾著其中一位室友的胳膊而沒有勾著她的胳膊，她當場就炸毛說M女孩針對她，最終大家不歡而散。

只是因為M女孩勾了其他室友的胳膊沒有勾著她的胳膊，她就覺得M女孩針對她，這樣的玻璃心想必除了在友情上會磕磕絆絆外，在生活上也是困難重重。

曾經的我也是一個玻璃心的重度患者，剛上大學那陣子，滿心歡喜地希望和所有的室友搞好關係，成為一輩子的摯友。

開學第一天就讓我所有的期待蕩然無存。因為家離得遠，為了爭得一個靠窗的位置，我提前一天來到學校，當時來報到的只有我和另外一個室友，我主動和他打招呼，換來的只是一個背影，一個簡單的「哦」。

我把床鋪整理好送父母去火車站的一路上，都在刻意壓抑著自己的情緒，想到未來四年要和這樣的室友待在一起，心情跌到了谷底。可是兩年過去，接觸久了我才發現他不是刻意對我這般冷漠，他只是性格使然，對所有人都如此。

很多時候別人不是針對你，只是他的處世方式跟你的發生了衝突，你便覺得別人不喜歡你，為此悶悶不樂，這樣的你是時候作出改變了。

1.2.3 玻璃心對愛情的影響

盈茵是個典型的乖乖女，上大學之前謹遵母親大人的教誨不談戀愛，青春的荷爾蒙直到上了大學才得到釋放。盈茵喜歡同社團的某個學長，和盈茵高中時常看的校園小說一樣，男生有著一百八十三公分的標準身高，身為社團幹部比同齡的同學明顯多了一份成熟。盈茵是社團的一員，長得也是天生麗質，一個精緻的蝴蝶髮夾簡單束起過肩的長髮。最讓人羨慕的是，盈茵有標準的酒窩，笑起來簡直迷倒眾人，那叫一個甜。

盈茵鼓足了勇氣，學著看過的無數小說場景，主動向學長表白，學長也早有此意，兩人很快便墜入了愛河。

戀愛後的盈茵為了牢牢守護住自己的愛情，恨不得二十四小時都黏著學長，晚上也用手機時刻與學長保持聯繫。一旦哪次學長沒有及時接聽盈茵的電話，盈茵就覺得學長不再愛自己：一定是因為當初是自己追他讓他覺得自己不值得珍惜，一定是學長另有新歡了，直到學長接通電話解釋原因後盈茵才能消除種種顧慮。

這樣的愛情注定不會長久，愛得太深，甚至渴望霸占對方，不給對方一點喘息的空間，最終學長忍受不了盈茵，提出了分手。

分手後的盈茵試圖挽回但是為時已晚。為了避免尷尬，盈茵選擇退出社團。頹靡了一陣後，她終於走出了陰影。盈茵說正是自己有極強的占有欲，沒有安全感，愛胡思亂

想，才導致了初戀之花的凋謝。

而玻璃心毀掉的豈止是一段初戀，更有可能毀掉一段婚姻。

S女孩如願嫁給了一個理想中的白馬王子，結婚後便辭去了工作，在家相夫教子。起初一切美好，照著S女孩預想的軌跡正常運行。

好景不長，兩年過去，S女孩明顯感覺到丈夫不再願意和她聊天，她說什麼丈夫都覺得幼稚，工作上的事情更是不讓S女孩過問。

讓S女孩徹底作出改變的是一頓晚飯。那晚如同往常一樣，S女孩炒了幾個家常菜，蒸了白米飯，滿心歡喜地等著丈夫回家。也許是米沒有淘乾淨，丈夫吃飯的時候被石頭硌了一下，很自然地把米飯吐到一邊。

可是此刻S女孩的內心早已經翻江倒海，恨自己連這一點小事都做不好，讓本就「嫌棄」自己的丈夫更討厭自己。

丈夫看出S女孩的失落連忙安慰，可是深陷玻璃心的S女孩委屈的淚水已經決堤。

週末好友聚會，S女孩把自己的感受告訴朋友，朋友勸S女孩出去找一份工作，畢竟孩子已經斷奶了。女人啊，還是得靠自己養活自己，不是為了證明什麼，就是想要實現經濟獨立，不依賴他人，靠自己的努力獲得一分底氣。

重返職場的S女孩沒幾個月就獲得了一次晉升的機會，工作除了讓S女孩實現了經濟上的獨立外，更收穫了想像中的婚姻。

辭職在家的日子，她所有的重心都放在老公和孩子身上，生怕自己連後勤工作都做不好。再加上在家的時間一長，閑下來的時候總容易胡思亂想，過度放大一些事實，自己嚇自己。

玻璃心的人多半有些自卑，不自信，對別人的一句話總是過度解讀。而且，這樣缺乏安全感的人很容易會無端揣測別人是否話中有話、是否笑裡藏刀，最終傷害的不僅僅是身邊的朋友、家人，更是自己。玻璃心會毀了愛情、親情、友情，亦會毀了你的事業、學業等。所以，收起那可憐兮兮的玻璃心，正確認識玻璃心，儘早擺脫玻璃心帶給我們的傷害吧。

1.3　那煩人的玻璃心到底來自哪裡

同樣的處境，不同的心態迎來的世界也將不同。要相信，好心情會招好運，好心態會招好命。樂觀一點，積極一點，做不了富二代，就努力把自己打造成富一代！

1.3.1 玻璃心跟性別的關係

透過前兩節我們對什麼是玻璃心以及玻璃心帶給我們的危害有了基本的瞭解，但是你有沒有想過：那煩人的玻璃心到底來自哪裡呢？

想要解決玻璃心帶給我們的麻煩，就得追根溯源、刨根問底，唯有從源頭抓起，我們才能徹底認識玻璃心，擺脫玻璃心帶來的傷害。

從第一節玻璃心自測的調查結果來看，女生玻璃心的比例遠高於男生。我們提倡男女平等，但不是一味地追求平等而忽視男女生理以及處理情感方式上固有的差別。

產生玻璃心的原因很大程度上在於男女思維方式的差別。通常來說，男生多屬於理性主義者，性格豪爽，不拘小節，對很多事情不敏感；而女生多為感性主義者，對情感問題的處理比男生更細膩，對他人的情感變化更敏感，如果沒有處理好就會造成一定程度的玻璃心。

所以，與其說女生比男生更容易玻璃心，不如說感性主義者較理性主義者更容易玻璃心。

1.3.2 玻璃心與成長環境的關係

測試者小靜是家裡唯一的孩子，家庭條件優渥，從小過著飯來張口、衣來伸手的生活，生活在父母為自己打造的美好世界裡。

上大學前小靜的父母擔心小靜一個人在外照顧不了自己，特意交代小靜要和宿舍的姐妹們搞好關係，以後有個照應。

開學後不久，小靜主動提出請室友吃飯，有飯吃，自然是各個回應，小靜也對聚餐充滿了期待。正值週末，小靜收到了 Uber 送的優惠券，優惠折扣力度很大，根據 APP 預估的費用來看，沒比宿舍四個人坐公車貴多少。小靜提前預約了車，室友小蘭看到後便酸溜溜地說：「有錢人家的孩子就是不一樣啊，吃個飯都叫車，不像我們這些窮人家的孩子只敢搭公車。」小靜想要解釋，小蘭已經坐在了後座上不給小靜解釋的機會。

一路上小靜一肚子的委屈，想著為什麼自己好心好意請大家吃飯，最終還落個炫富的標籤，接下來也無心享受大餐帶來的歡愉。

結束後小靜終於忍不住哭了一場，為了解決問題，她便嘗試在網路上搜索，恰巧看到我寫的玻璃心文章，覺得感同身受，便來諮詢。

瞭解大致情況後，我問小靜：「你覺得你的玻璃心源自哪裡？」

小靜想了想說：「應該跟我的成長環境有關。從小我都生活在父母的庇護下，很少

遭到拒絕。從小生活條件太優越，父母幾乎為我包辦了一切，我按著父母安排的按部就班做就好，完全就是溫室裡的花朵，只需要好好學習。上了大學後我沒了父母的陪伴，一個人在外面，起初也是自己期望太高，想著室友就是一輩子的摯友，剛進宿舍的時候拿出真心對待所有人，可還是沒能換來預期的回應。」

顯然，小靜已經意識到成長環境帶給一個人的影響，從小生活環境良好的她很少遭受拒絕，遭受非議的機率也較小，一旦遭到拒絕就不知道該如何調節心情。還有一個更重要的原因就是小靜對室友有著過高的期待，一旦現實與期待有落差，她難免心裡也會跟著起伏，玻璃心也開始作祟。

1.3.3 玻璃心受物質基礎的影響

素素的情況和小靜完全不同。素素來自一個貧困地區的小山村，上大學前從來沒有離開過山村。素素的父母都是農民，教育程度不高，但對素素上學這件事卻是格外重視。素素高三時母親為能照顧素素的起居，農閒的時刻在素素所在高中的學生餐廳找了一份兼職，一來補貼家用，二來可以多照看一點素素。

素素一開始對母親的到來感到很開心，但是沒多久她便發現身邊的同學開始議論起自己，不乏一些好事之徒到處傳播素素母親在學生餐廳工作的事情，彷彿抓住了素素的把柄一般，素素很傷心，人也變得越來越自卑。

她害怕交朋友，更害怕伸出友誼之手換來的是無盡的嘲笑。上了大學，素素一個人在外，每個月父母給的三千元錢連日常三餐都難以保障。面對同學的盛宴邀約，她只能千推萬阻，當別人提出要請客的時候，素素第一反應不是開心，而是覺得別人在施捨自己。最終一場原本好意的邀約也會不歡而散。

素素害怕交際，害怕別人看不起自己，這一切都是自卑的表現。自卑讓人變得敏感多疑，如同一隻刺蝟，時刻豎起自己的利刺讓人不敢靠近，常常覺得別人瞧不起自己、針對自己、嘲笑自己。習慣性選擇獨處，不與他人交往，除了自己的情緒難以發洩外，她更給他人留下孤僻的印象，別人自然也會敬而遠之，從而形成惡性循環。

貧窮固然讓人多了一些磨難，有人把它看成一種鍛鍊，有人越陷越深不願意面對。前者有著積極的生活態度，敢於迎接挑戰，後者只會陷入自卑的深淵。

曾經同宿舍的朋友是一個孤兒，靠爺爺奶奶的養老金勉強維持生活，但是在他的臉上不曾看到自卑。他時常跟我們分享的是爺爺奶奶對他的疼愛，及小時候跟著爺爺奶奶一起打零工的那些辛酸但卻無比幸福的日子。為了貼補家用，暑假的時候他在當地找了一份工作，一天工作十多個小時，無怨無悔，別人問起來的時候他也不會感到羞愧，反而大大方方分享自己的工作服，分享當天遇到的搞笑事件。

可見，同樣的處境，不同的心態迎來的世界也將不同。要相信，好心情會招好運，好心態會招好命。樂觀一點，積極一點，做不了富二代，就努力把自己打造成富一代！

除了成長環境以及自卑、對他人期待過高會造成玻璃心以外，過度的臆想也是玻璃心的重要來源，簡單講就是你太閑了！回顧玻璃心曾經帶給我們的傷害，是不是百分之八十都源於自己閒暇時間的胡思亂想？讓自己忙起來、充實起來，轉移注意力也是解決玻璃心的有效途徑。玻璃心的來源有很多，原生家庭的影響是基礎，但不是全部。只要正確認識了玻璃心，也就離擺脫玻璃心更近了一步。

1.4　今天，跟玻璃心道個別吧

知道了什麼是玻璃心，也知道了玻璃心都來源於哪裡，本節就推薦給你五個簡單實用的方法，讓你跟玻璃心說「拜拜」。

1.4.1　如何針對性減少玻璃心帶來的傷害

不同的人玻璃心的程度不同，由此所帶來的傷害也不盡相同。我們大多數人都會有點玻璃心，輕則影響自己一段時間的心情，重則有可能鑽牛角尖，甚至選擇輕生。

從現在開始，請別再讓玻璃心成為阻礙你發展的枷鎖，而且你也可以利用玻璃心將劣勢轉為優勢。看到這裡大家也都知道玻璃心很大程度上源於自卑，源於自己那毫無價值的自尊心，過強的自尊心只會讓你我壓力倍增，害怕失敗。

但是自卑又讓我們明白現實和理想的差距，讓我們知道差距在哪裡。適度的自卑可以催人奮進，讓我們有勇於改變的動力。自卑不可怕，可怕的是一味地沉浸在自卑中。與自卑為友，享受自卑，清楚認識自卑的來源也是你未來人生中需要改進的地方。

同理，情緒控制能力太差，表達能力太差都不可怕，只要你正確認識它們，從薄弱環節入手，有針對性地提高，你就會儘快擺脫玻璃心帶來的傷害。那麼，我們該如何減少玻璃心帶來的傷害呢？

1.4.2 降低對他人的期待

剛上大學時，可能是因為看太多電視劇、電影，我總以為大學室友就是這輩子的朋友，沒了他們自己的人生都將黯淡無光！甚至因為剛開學跟某一個室友打招呼他愛理不理就能難過半天。可事實是：我們來自天南海北，上大學前大家有著完全不同的成長環境，每個人都有自己的處世方式，我們不過是由學校的某一台電腦按著設定的程式將其中幾個原本毫無關係的同性分配在一個宿舍，僅此而已！

頂多是我們有緣分，可是緣分並不都是完美的啊！為什麼我們要幻想自己的室友就是自己一輩子的摯友呢？降低對別人的期待，很大程度上我們也會看輕別人對你的傷害，擺脫自己的胡思亂想，從而減少自己的玻璃心。

1.4.3 擺脫依賴，實現經濟獨立

愛情有很多種方式，每個人都有自己的愛情觀。這裡說的完全是我個人的愛情觀，我認為兩個人的愛情歸根究柢還是要講究「門當戶對」，這裡是指經濟上的以及精神上的。兩個人的愛情，只有二人在經濟和精神兩方面都達到豐富的狀態，這段愛情才是最完美的。兩個人如果一方過多地依賴對方，到最後這個人甚至連發洩自己的情緒、吼對方的底氣都是不足的！可能一時的經濟獨立讓你的生活品質下降，但從長遠來說則更有利於兩個人的發展。

我這裡所講的經濟獨立不是讓兩個人分開，只是在心理上擺脫對別人的依賴，努力完善自己，爭取早日實現自給自足。至於跟另一方相比還存在差距也是無所謂的。可怕的是自己喪失了表達自己情感的權利，窮而弱往往更容易玻璃心，別人稍稍一碰就會立刻炸毛，覺得自己被忽視。只有經濟和精神獨立才能少點玻璃心，少點戾氣，多些底氣。

1.4.4 學會表達，克服自卑

是不是很多時候自己所想的跟所說的存在很大的差距，甚至造成誤解？而你又總為別人沒能理解你而鬱悶。你喜歡一個人，想要得到他的關注，你可以將自己打扮得漂亮一點，也可以直接向他要聯絡方式，這些都可以。而你總是看到他的時候激動不已，而他根本不知道你喜歡她，還以為你傻（斜眼看你）呢，然後你就又得傷心一陣子。

學會表達自己的情感最快速的方法就是直抒胸臆，可現實中這種表達情感的方式有些不太實用。我個人更喜歡對著鏡子跟自己講話（有點傻）。此外，還需要自己多讀一些相關書籍來提高自己的表達技能。良好的表達技能不僅能解決玻璃心的問題，而且可以給你生活的各方面帶來好處。不要害怕出錯，要時刻記得自己沒有那麼多觀眾！真正關心你的人是不會取笑你的！而會取笑你的人，他們對你而言也沒那麼重要！

1.4.5 讓自己忙起來，轉移注意力

玻璃心對人造成最大的傷害一般都源於自己的胡思亂想。很多時候都是自己嚇自己，自己可憐自己。換句話說，很多時候人們的玻璃心根本就是閑的！人一閑就習慣性地瞎想，容易鑽牛角尖。

不妨學會轉移注意力，參加一個社團，參加一個聚會，聽會歌，跑跑步，試著讓自己忙起來，努力提升自己，這樣就會形成良性的循環！不但可以減少過多閒暇時間引起的胡思亂想，也可以讓自己變得更加完美，何樂而不為呢？你擔心的那點事大多數情況下並不會發生，即使發生了，過去之後也不再是大事，而是故事。

1.4.6 充實自己，讓自己變得更強大

每年學測後填寫志願時都有不少家長阻止孩子上大學的新聞，說現在讀大學就是浪費，大學生出來照樣找不到工作，坐公車的時候難免有幾個多嘴的大爺大媽含沙射影地嘲笑當今大學生的墮落。大多數人想必並不會生氣，因為畢竟經歷過，知道大學到底帶給了我們什麼。

漂亮的人被說「醜八怪」並不會難過，滿腹經綸的人被說「書呆子」並不會生氣，因為他們知道情況並不是這樣。他們或許會一笑而過，或許會憤怒還擊，但絕不會難過。而如果你會難過，那是因為你覺得他們說的對。只有當自己真正強大的時候，面對所謂的流言蜚語你才會足夠坦然，一笑而過。

每個人的情況不同，我在這裡建議的方法都是自己有限的經驗所得，雖然並不能代表全部，但也算是一些簡單有效的方法。如果你也覺得自己的玻璃心已經影響到自己的

生活，不妨試試這些小建議。師父領進門，修行靠個人。任何方法都需要結合實際需求，只有適合自己的才是最好的。願玻璃心早日離你而去，願你我成為更好的自己。

1.5　一無所有不可怕，可怕的是一無所有的你還玻璃心

別把自己看得太重要，離開了你，團隊照樣可以完成工作任務，公司照樣運轉，太陽也照常升起。最可怕的不是你一無所有，不是你能力不足，沒有能力可以有針對性地提高，沒有本領可以積極主動地學習，但最可怕的是你一無所有還玻璃心，容不得旁人半點質疑，禁不住旁人一兩句抱怨。

1.5.1　態度決定一切

大多數人，說好聽一點就是有自尊心，有基本的廉恥感；說難聽點就是愛面子，總以為自己無所不能，認為這個世界離開了自己就無法運轉。而最終的結果卻會實實在在地給你一巴掌，告訴你：是你想多了。

一堂課的作業需要我們去做市場調查，為了拿到第一手的資料，小組成員除了從網路上下載問卷以外，還需要做實體的直接採訪。簡單來講，就是發「傳單」，拿著一疊調

查問卷逢人就請幫忙填一份。很多朋友不喜歡做實體問卷，原因不外乎三種：大部分人覺得發問卷丟臉，沒有面子；也有的人害怕被拒絕；還有的人認為價值性太低，沒有做的必要。

新的一輪調查問卷做好，作為小組長，我安排了兩組成員分別調查不同年齡階層的受訪者，小I和H同學兩人負責的是成年組，填寫一份調查問卷大約需要占用被調查者一到兩分鐘的時間，從以往的調查情況來看，面對那些步履匆匆、行程滿檔的成年人來說調查難度最大，所以我安排了小I和H同學兩個人一起做此項調查。

同樣的任務，從接受任務開始兩個人的態度就明顯不同。小I第一時間問的是調查需要的數量以及被調查對象是否有特殊要求，而H同學則第一時間表示抗拒，希望可以讓他負責採訪難度更小的青少年組。

既然H同學開口了，我便答應了他的請求，讓另外一位調查青少年組的室友和H同學互換工作。任務「簡單粗暴」，要求每小組至少需要收回兩百份的有效問卷。大約三個小時後，小I所在小組帶回來近三百份有效問卷，超額完成計畫；而H同學所在的小組只帶回來一百五十多份，據另外一位同學抱怨，H同學完成的還不足五十份。

這跟我們當初的目標相差甚遠，導致當晚的資料錄入工作不能按時完成，沒有了原始資料，後面的分析也就無從談起。

其實從一開始我便能預測到結果，態度決定一切。小I思考的是解決問題的方法，而H同學思考的卻是如何降低自己的工作難度。

同組的幾個同學忍不住抱怨起H同學的工作效率，誰知道H同學先炸了鍋，吼道：「你們不知道現在的大學生有多『壞』，人家壓根都不理你，看到我發問卷就像躲瘟疫一樣地躲著我，你們就是在說風涼話，有本事你們去啊。」

同組L同學反駁道：「那人家小I比你的調查難度大多了，你們一起出去的，人家都收集了兩百八十多份，你們組才一百五十多份，你自己收集的還不足五十份，你這差得也太遠了吧。」H同學自覺理虧，但又拉不下臉，直接甩門而去。

明明是團隊裡最拖後腿的那一個，卻還要求被呵護，碰不得也說不得，事情做不好卻有著一大堆抱怨的理由。因為大家指責H同學的辦事效率低讓H同學掛不住面子，自以為「霸氣」地甩門而去在旁人看來只會顯得更加愚蠢。

一份簡單的調查問卷就讓H同學暴露無遺，面對殘忍地揭穿，H同學平常精心打造的好學生形象蕩然無存。事情的結局是H同學的工作被其他同學分攤，沒了H同學，無非就是增加了一點工作量，離開H同學，整個小組照樣向前進。

你的「瀟灑」一甩如果放在職場就是辭職，不少年輕人把無知當個性，以為自己很酷、很帥，覺得整個世界離開了他都不能運轉，而事實是辭職後的你還在拚命投履歷的

時候，整間公司早已經恢復了往日的平靜，按部就班地繼續運轉著。

別把自己看得太重要，離開了你，小組工作照樣可以完成，公司照樣運轉，太陽也照常升起。最可怕的不是你一無所有，不是你能力不足，沒有能力可以針對性地提高，沒有本領可以積極主動地學習，但最可怕的是你一無所有還玻璃心，容不得旁人半點質疑，禁不住旁人一兩句抱怨。

1.5.2 從自身找問題

期末考試，學霸們總是特別受歡迎，身邊圍著不少「愛學習」的積極分子。我也跟著去蹭課，學霸果然是學霸，講題的思路跟一般人不一樣，稍不留神就跟不上。明明沒聽懂又不好意思張口讓學霸講慢一點，擔心別人嘲笑自己，幻想這時候能有另外一個「笨蛋」說自己也不會就好了，這樣既可以重新聽一遍，又不至於顯得自己太笨。

可惜遲遲等不到這樣的「笨蛋」，中間休息的時候我忍不住提出了自己的疑問，學霸隨口一句：「哎呀，這你都不會，這個很簡單啊，先這樣，再這樣，很容易就得出來了啊，這個就是課本上的例題變了數字而已啊。」

「哎呀」、「這個很簡單」、「而已啊」只是學霸幾個簡單的語助詞，卻徹底地擊碎了我的玻璃心，接下來的講解我壓根一個字也沒聽進去。

事後想想我都被自己逗樂了，因為自己平時沒有好好學習，想要臨時抱佛腳，但因為學霸的一句話卻讓自己陷入了玻璃心的泥潭裡，甚至一度腹黑地抱怨學霸冷酷無情，覺得學霸狗眼看人低。

我弱反而我有理，這樣的邏輯實在講不通，認識到這點以後，我開始認真複習，不對，應該是預習學霸給標注的講解，熬夜苦戰一晚發現原來真的超簡單，要是別人現在問我，我也會忍不住說一句：「哎呀，這個很簡單啊。」

看吧，很多時候真的不是別人嘴毒，也不是別人瞧不起你，而是你實在太弱，別人的一個語助詞、一句簡單的吐槽都會讓你受不了。

玻璃心一點都不可怕，可怕的是我們一無所有還自尊心極強，容不得別人對自己有半點批評，一旦被質疑就立刻炸毛。

1.5.3 學著做一個皮實的人

收起「我弱我有理」的強盜邏輯吧，踏踏實實地提升自己的本領才是關鍵，只有自己的能力達到一定的水準才能徹底醒悟，認識到自己的不足。

學著做一個皮實的人，學會犯錯，甚至學著「厚臉皮」。不要總覺得別人是在故意傷害你，而要從自己的內心出發，問問自己到底有多大的本事，到底可以為團隊帶來多大

的效益。

收起你那不值錢的自尊心，收起你可憐兮兮的玻璃心吧，別指望這個社會可以像我們父母一樣細心呵護我們，H同學的失敗根本就不是因為路人沒能幫他，我的玻璃心也根本不是學霸講解太快，而是我們的態度有問題，能力也跟不上，怨不得旁人。

拒絕有事沒事就碎的玻璃心，大家都不是聖母，沒空給我們補心。與其把時間花費在思考別人如何看你上，不如努力提升自己的專業素養，提高自己的能力，唯有如此，玻璃心才會離我們越來越遠。

第二章　你值得擁有更好的

2.1 親愛的，不是你不好

愛情裡沒有公平可言，兩個人猶如螺釘和螺帽，合適才是最好的。親愛的，別抱怨，更別自責，不是你不好，也不是他不好，只是你們不合適。但是很多情侶不是不合適，只是沒有進行有效的溝通，如何才能實現有效溝通呢？

2.1.1 愛情沒有公平可言

每天晚上都會收到很多讀者的留言，葉子就是其中一位。從留言中得知葉子和男友是青梅竹馬，兩個人來自同個城市，從小學到高中都在一所學校，後來兩個人又考到了同一所大學。葉子學的是金融學，男友學的是材料工程，雖然是同所學校，但是校區不同，兩個人待在一起的時間遠不如他們期待的那樣多。

葉子男友喜歡社交，大一的時候加入學生會，現如今已經是副會長了。每當葉子跑去找男友的時候她都見不到人，男友不是被派去跑腿就是學生會有各種各雜事需要處理。

葉子很體貼，雖然偶爾介意男友的缺席，但還是全身心地支持男友，葉子覺得自己幫不上任何忙，能做的就是不打擾。

葉子對男友的愛如水，很淡卻足夠深沉。葉子沉浸在對愛情的嚮往時，卻發現男友和同系的學妹在一起了。當她質問時，男友只是冷冷地回道：「我們兩個在一起太平淡了。」

葉子想要挽回感情，求男友告訴自己她哪裡不好，只要他說出來，她都願意去改。男友自知對不起葉子，安慰道：「對不起，葉子，不是你不好，都是我的錯。我們真的不合適，對不起，請你原諒我！我以後會把你當妹妹看，你的事就是我的事！」

只是一句不合適，便讓人無助，讓人欲哭無淚，無論你如何掙扎都無濟於事。葉子覺得生活沒了希望，怎麼也想不通自己到底哪裡做錯了，十多年的感情竟抵不住同系學妹不到一年的共處。一向溫婉如玉的葉子竟選擇了自殘，幸虧室友及時阻止。

我沒有立刻回覆葉子，等葉子宣洩完了，我才回道：「不是你不好，只是真愛還沒有來到，你媽養你二十多年，不是讓你為了某個人死去活來，至於你男友說的做兄妹，回覆一個『滾』字直接封鎖就好。」

不是你不好，是你遇見他的時間太早，他還沒準備好，你卻已經想要以身相許。愛情太講究緣分，對的時間遇見對的人才有可能終成眷屬，不屬於你的終究會失去，淺顯易懂的道理到了自己身上，自己卻怎麼也走不出這趟渾水。

不是你不好，只是一種婉轉的拒絕，我們都害怕傷害彼此，分手卻注定傷害一方。

當一方提出分手的時候，你們的愛情也走到了盡頭。聰明一點，識趣一點，胡攪蠻纏只會鬧得魚死網破。好聚好散，不是為了以後還能做朋友，只是沒必要再為一個不可能的人去浪費時間。

愛情裡沒有公平可言，兩個人猶如螺釘和螺帽，合適才是最好。親愛的，別抱怨，更別自責，不是你不好，或許也不是他不好，只是你們真的不合適。

愛情不是生活的全部，一個人的時候你也要照顧好自己，讓自己變得足夠優秀，讓自己變得足夠強大。蔡依林在《檸檬草的味道》裡唱道：「我嘗過，愛的好；我們都沒錯，只是不適合；我要的，我現在才懂得；快樂是我的，不是你給的；寂寞要自己負責；我要的，我現在才懂得；選擇是我的，不是你給的；幸福要自己負責；錯過的，請你把握。」你要的，你真的懂嗎？

很多時候，我們總會在某一瞬間理性得可怕，感性的一面被自己掩藏，所有的美好回憶一瞬間被自己清空，不是不再想念，只是不願意再去觸碰。

2.1.2 你們只是溝通出了問題

世界這樣大，緣分如此微妙，芸芸眾生中你們相遇，並有幸攜手走過一段旅程。有人說真正的愛，不是累了就放手，不是不合適了就分開，而是即使再累也想在一起，即使不合適也想努力爭取。

這段話我同意其中一部分。從溝通方式來說，這話是對的，很多時候兩個人的不合適只是溝通方式出現了問題。

筱苑是我的另一位讀者，剛高中畢業，看了我的文章後大呼過癮，覺得「渣男」就是應該受到譴責。她自己的男朋友就是個十足的「渣男」，但是她還是有點放不下，想問如何解決。

我被這女孩逗樂了，回覆：「你男朋友具體怎麼個『渣』法呢？」

「我男朋友太內向了，大街上他都不願意牽我的手，我要他陪我看電影，電影超感人，我就鑽他懷裡。他肯定是不愛我，別人家的男朋友都恨不得把女朋友捧手心裡，但是他從不願意在公眾場合秀恩愛！別人家的男朋友都……那個『渣男』我每次這樣說，他都吼我讓我跟別人在一起啊，我就不，我就是要賴著他，氣死他！」筱苑很可愛，吐槽一大堆，基本都是別人的男朋友如何如何，而自己家這位就是個木頭，啥都不懂。

我調侃：「那你還喜歡他啊，他有什麼可喜歡的呢？」

筱苑有點生氣：「你怎麼這樣說，他其實也不錯，我生病他都會一直陪著我，生日的時候，他背著我偷偷給我舉辦了一個特別浪漫的派對，他還……」

我裡外不是人，回覆筱苑：「你和你那恩愛的『渣』男朋友不是不合適，只是你們

溝通方式出了問題。」

很多情侶不是不合適，只是沒有進行有效的溝通，從筱苑的留言可知她的男朋友是一個內斂的男生，表達愛的方式可能跟筱苑幻想中的不一樣，這讓筱苑有了心理落差。此時，如果筱苑告訴男朋友的不是別人家的男朋友如何如何，而是告訴男朋友她也想有怎樣怎樣，或許她男朋友就不會如此抵抗。

從小我們都會被家人說「別人家的孩子如何如何」，永遠都是別人家的孩子好。現在我們終於可以擺脫父母口中別人家孩子的打擊，卻又把同樣的感受強加給陪在我們身邊的最愛的那個人。

別人家的男朋友如何，別人家的男朋友怎樣，永遠只是別人家的好。愛情裡最怕比較，這樣你永遠都不會得到滿足，永遠都生活在別人家男朋友的陰影裡，你只需要告訴你愛的人你的所需，告訴他你最真實的想法。一個良好的溝通氛圍可以減少一些抵觸情緒，以便實現你想要的結果。

2.1.3 如何實現有效溝通

那麼到底什麼是有效溝通呢？德國著名社會學家尤爾根・哈伯瑪斯（Jürgen Habermas）在《交往行為理論》中曾提出有效溝通必須滿足四個條件：可領會性要求（選

擇可領會的表達，以便說者和聽者能夠相互理解），真實性要求（提供一個真實陳述的意向），真誠性要求（真誠表達意向以便聽者能相信說者的話語），正確性要求（選擇一種本身正確的話語，以便聽者能夠接受）。

舉個例子，老師要你寫作業。首先，從真實性來講，我們的課本後面都有課後習題的客觀存在；從正確性來講，老師作為我們學科的引導者，有權力要求你寫作業；從真誠性來講，老師要你寫作業是為了你好，讓你能夠學到知識，為了你自己好，你也應該寫作業；最後一項可領會性，當你覺得老師的真實性、真誠性、正確性都對的時候，你就會寫作業，但是當你質疑三者中的任何一個，你的可領會性要求沒能達成，你就會拒絕寫作業。

其次，實現有效溝通還必須具備兩個必要條件。其一，表達者可以清晰地表達自己所想，保證接受者可以理解；其二，表達者在表達過程中要觀察接受者的情緒變化，看對方是否能夠接受現在的表達方式。

放在愛情裡，筱苑對男朋友提出想要男朋友和自己在公共場合多一點秀恩愛的機會。一開始筱苑的做法是抱怨男朋友不像別人的男朋友，筱苑確實表達了自己的需求，但是沒有留意男朋友的情緒變化，根本不可能形成有效溝通。

如果筱苑從一開始不是指責男朋友不好，而是告訴男朋友自己的真實想法，真誠地

告訴他自己的需求，從真誠性和正確性來講，筱苑想要兩個人的愛情更加穩固，合情合理；從真實性來講，男朋友的表現確實讓筱苑不滿意，有改進的地方。此時如果筱苑男朋友認可她的想法，便會作出有效的可領會性要求，形成有效的溝通。如果男朋友覺得筱苑說的話根本就是無理取鬧，此次溝通的正確性就不存在，溝通也就失效了。

有時候想想自己溝通的初衷，除了要考慮自己外，也得考慮對方是否可以接受和認可自己的請求。所以說，從**溝通上講，很多時候，不是你們不合適，只是溝通出了問題，別指望換一個人就合適了，珍惜你眼前的人吧**。

當然，愛情也不可能全部因為溝通造成不合適，就如葉子一樣，面對男友的感情出軌，沒必要過多糾纏，更沒必要傷害自己，不是你不好，只是真愛的他還沒到。

2.1.4　測試一下你的溝通能力

附一個溝通能力的小測試題，看看你的溝通能力如何吧！

一、你是否可以和身邊的人和諧共處？

A是　B不是

二、你是否能有效利用肢體語言協助自己準確表達？

A是　B不是

三、你是否善於聽取別人的意見，懂得換位思考？

A是　B不是

四、你是否能準確叫出大部分同學或者同事的名字？

A是　B不是

五、你與人交談時是否能注意到對方的情感變化？

A是　B不是

六、你是不是一個好的聆聽者，不輕易打斷別人講話？

A是　B不是

七、你是否擁有良好的專業素養？

A是　B不是

八、你是不是一個善解人意、包容別人缺點的人？

A是　B不是

九、你是否會選擇妥協，認為和諧的氛圍最重要？

A是　B不是

十、你是否會在別人沒能幫到你的情況下仍表達謝意？

A是　B不是

測試結果分析：

㈠七個以上「是」

恭喜你是一個溝通達人。儘管有人會認為你左右逢源，但不代表你圓滑世故，只是你知道有些場合跟價值觀不同的人爭論無用，但心中早已有了解決之道，可以透過其他方式準確表達自己的觀點，有效地與人保持高效溝通。

㈡四至七個「是」

溝通對你來說如同一個彈簧，遇見對的人總是可以敞開心扉，交談甚歡，但是遇到自己不喜歡的人，溝通能力也是直線下降。要知道，這個世界上總會遇見與自己沒有緣分，甚至令人討厭的傢伙，除了學會跟喜歡的人交談之外，也要學著跟不喜歡的人溝通。

㈢四個以下「是」

你是一個相對自我的人，對於別人錯誤的見解總是忍不住痛斥，溝通對你來說比較困難，總是擔心被人誤解，卻又無力辯解。掌握必要的溝通技巧對你來說十分必要，不是世故，只是為了形成更好的溝通氛圍來促成事情。

2.2 癡情永遠不是留住一個人的最佳選擇

愛情本就是一場豪賭，願賭服輸，無怨無悔。千萬不要對一個人說，我等了你這麼多年，我為你付出了那麼多，別忘了他（她）不欠你什麼，不過是你一廂情願罷了。

2.2.1 愛情猶如一場豪賭

人這一生至少要有兩次衝動：一次說走就走的旅行和一段奮不顧身的愛情。前者容易實現，沒錢了努力工作，沒時間就調休甚至辭職，總歸所有的決定權都在自己，而後者就沒這麼簡單了。

愛情最美好的地方除了戀愛時的卿卿我我，結婚後的相濡以沫、風雨同舟之外，還有戀愛前的心有所念。得到則皆大歡喜，失去難免會傷心一陣。

有些人選擇接受，坦然放手，感歎緣分的捉弄；也有些人一哭二鬧三上吊，不達目的誓不甘休，頗有一副「不破樓蘭終不還」的架勢；還有如《大魚海棠》裡的湫一般，為了椿，哪怕付出生命也無怨無悔。

到頭來，在愛情這場豪賭裡，愛得越深，傷得也越痛徹心扉。

我有個從小一起長大的朋友，一百八十公分的高個子，濃眉大眼，標誌性的寸頭，

擋不住的帥氣。幼稚園時，走路還走不穩的他竟已經會折一束路邊的野花送給他看上的女孩。不認識的人都覺得他是個情聖，可實際上他是個情癡。

高中的時候，隔壁班的女孩被他看上，他不管人家女孩答不答應，早餐準點送達，基本上除了上廁所這類不能幫忙的外，所有能代勞的事情他都會主動承擔。當然，幫忙輔導作業這事就免了，那女孩是學霸。

為了跟喜歡的人在一起，他努力學習，以前打籃球的時間用來背單字，路邊吃串燒的美好時光也用來寫題，終於他有了跟女神一起討論學習的資格。

可是人家女孩不願意這麼早就談戀愛，還勸他回頭是岸。

他常大半夜突然打電話給我，非要拉著我出去喝酒，喝到吐為止，用糟蹋自己的方式渴望著對方能有所內疚，抑或是心生憐憫選擇接受自己。

常映著月光在大馬路上走著蛇形，左手抓著酒瓶，右手不停地比畫講著自己曾經的付出，偶爾碰到一個路人都恨不得衝過去跟人家訴上一宿的苦。

學測時女神考砸了，他為了她放棄更好的學校，他以為這樣可以打動女神卻只落個幼稚的標籤。

無論何時，在愛情這場賭博裡都別指望用一味的付出來博得同情，這樣的愛情從一開始便注定了失敗。

他如願和她讀了同一所大學，女神真的被他感動了，抑或真的就是可憐他，選擇了接受他。

沒過多久我便聽說兩人分手了，他自責自己做得不夠好，懊惱沒能在半夜女朋友說餓的時候穿上衣服滿大街去給她買最愛的果乾，後悔她說自己不舒服的時候沒能第一時間陪在她身邊，他覺得一切都是自己的錯。他一再哀求，希望挽回這段感情，打了無數次電話，發了數百條簡訊，直到對方將他封鎖才作罷。

女孩知道我和他的關係，繞過他傳了簡訊給我：「幫我勸勸他，他是好人。」最終他用四年的時間換取了一張好人卡，我回覆：「真的就不可能了嗎？他真的很喜歡你。」

過了許久，我收到「抱歉」兩個字。

我把簡訊給他看，他沒說話，向服務生要了一瓶白酒。我沒攔他。沒兩杯下肚，他的眼睛開始濕潤，終於忍不住號啕大哭，幸虧人少，兩大男人喝個酒，其中一個哭得昏天暗地的，不知道的還以為我把他怎麼著了呢。

他一喝醉嘴便停不下來，開始抱怨，抱怨對她這麼好，她為什麼不接受；抱怨自己把能給的都給了她，卻還是不及別人對她那百分之一的溫柔。他覺得這個世界是不公平的，卻忘了愛情本就是這般耍賴，毫無公平可言。

扶著喝得爛醉如泥的他，我借用網路流行語鼓勵他：「好女孩多的是，幹嘛非要在一棵樹上吊死。二十歲是用來脫貧的，不是用來擺脫單身的。」

「滾。」他一邊吼一邊用盡渾身力氣擺脫我的攙扶，兩個踉蹌後四腳朝天直接趴在地上。

本以為他能徹底看開，前幾天閒聊，從他口中得知追了多年的女神還是選擇和別人在一起了。

我調侃：「那又怎樣，男未婚女未嫁，談個戀愛多正常，怎麼了，還沒放下？」

「沒有，她喜歡別人干我屁事，愛跟誰跟誰。」他滿不在乎的樣子實在太假。

有則新聞說某大學生花了兩百一十二天寫了十六萬字的情書還是被拒。自此「十動然拒」成了魯蛇自嘲的御用詞語。

部分網友吐槽被追者傻，放著一個如此深愛自己的人不愛，卻選擇單身或者追求一個並不愛自己的人。

可是換作是你，你會選擇接受一個自己不喜歡的人嗎？儘管你知道他很愛你，這也是廣大網友最希望看到的結果，但是，你會接受嗎？

2.2.2 留點時間愛自己

網劇《最好的我們》裡，耿耿和余淮的愛情讓很多人感歎高中時代的美好。也有不少人說耿耿傻，放棄向自己求了五十六次婚的路星河，選擇一聲不吭走了十年的余淮。五十六次的求婚終究抵不過余淮的一句：「對不起，我來晚了。」

《大魚海棠》裡椿和湫兩小無猜，最終也沒能抵得過椿對鯤的一見鍾情。

一廂情願的愛情終究是一場豪賭，願賭服輸，無怨無悔。千萬不要對一個人說，我等了你這麼多年，我為你付出了那麼多。別忘了他（她）不欠你什麼，不過是你一廂情願罷了。

無獨有偶，前幾天遇到一個讀者跟我訴苦，追了很久終於在一起的男朋友突然就對自己不理不睬，他們是遠距離戀愛。她憤怒的衝到了男朋友所在的城市，勢必要找出那個破壞他們關係的第三者。最終，第三者沒有找到，反而把自己的愛情給徹底葬送了。

她不停向我訴說著她曾經為男朋友做過的一切，甚至在一起的時候男朋友的內褲都是她洗的。我不知道該回覆什麼。她見我沒有幫她罵那個「渣男」，她覺得無趣，發了一通牢騷後便沒了蹤影。

之後看她在IG發了十幾篇罵男朋友渣的文。一條條羅列自己曾經為這段感情所做的付出。但在這麼多篇文裡，最開始的時候她發了一篇：我等你。她知道回不去了，但就

是不甘。

有一句歌詞寫得不錯：你問我怕什麼，怕不能遇見你。愛得深切便無法自拔。但有時，愛一個人，過程本身就是一種結果。

愛一個人不妨留點餘地給對方，給對方一點空間，也給自己一點空間，牛排七分熟最好，愛一個人，同樣，七分剛好。

不是因為不愛，只是知道太愛一個人對被愛的人而言也是一種負擔，自己也容易被牽著鼻子走，以她為中心，最後喪失了自我，沒了自我的愛情離結束也就不遠了。癡情到一定程度就是騷擾！

留三分給自己，學著愛自己，充實自己，完善自己，努力成為想要的自己，甚至努力成為她或他的偶像。

這個世界上，不是你付出的足夠多就可以擁有，愛情更是不會這樣。愛情講究緣分，不同的時間遇見不同的人結果會大不一樣。莫強求，該來的終究會來，強求得來終須散，無意尋他緣自來。

最後有一句俏皮話送給你：「我不會喜歡上一個不喜歡我的人，不是因為我自戀，而是因為這個人的品味有問題。」有一個真正值得你相伴終生的人還在等你，所以別浪費自己的時間，留點時間愛自己，留點時間給真正的摯愛，願你我都可以成為更好的自己。

2.3 大學不談戀愛就不完整嗎

愛，從來都不是能夠學到的。只是你在對的時間遇上了對的她，你們彼此欣賞，彼此認同，彼此有種想要攜手餘生的衝動。你對她的每一個舉動都來自你對她的愛，根本就不需要你根據所謂的好男人準則去刻苦練習。

2.3.1 象牙塔裡的愛情

象牙塔裡的愛情少了點物質，多了點浪漫，人們對此的追求也宛若圍城，進去的人或許想要出來，還沒進去的人卻拚了命地想要進去，生怕錯過後造成終生的遺憾。

很多人都說：沒有翹過課，沒有被當過，沒有談過戀愛的大學就是不完整的。大學談戀愛儼然成了一門「必修課」，成了一種潮流。

大一，IG上不再充滿了有關學測的豪言壯語，轉瞬間便成了「虐狗」的集合地。大家在祝福他們的同時，還是忍不住感歎一句：「這幫傢伙到底什麼時候就談了戀愛？」

假期回家，在家庭聚會上，長輩們多半不好直接開口詢問，稍微年長一點的哥哥姐

姐們便自覺承擔起了催「談」的重任。倘若自己回答已談，家裡人便如同炸了鍋般地催著把對象帶回家看看；如若一本正經地回答沒談，哥哥姐姐們便會唏噓著表示不信。長輩們出來制止哥哥姐姐們的「胡鬧」，臉上卻有藏不住的笑容。你若大學不談戀愛，彷彿真的就成了一個怪人。

2.3.2 戀愛有技巧嗎

有人說大學裡的愛情不能稱為愛情，頂多算是愛情的初級模式，更應該歸類於感情。更有人說不以結婚為目的的談戀愛就是耍流氓！這句話的爭議很大，但值得肯定的是，這句話強調我們對於每一段感情都應該真心投入。

有一次同學來學校看我，當然，他帶著女朋友。我們一起出去吃飯，我難免時不時地被虐。

我忍不住好奇問他：「你厲害啊，你倆什麼時候看上眼的？」

「剛開學參加社團時認識的，我一眼就喜歡上她了。」他邊說邊癡情地看著女友。

他女朋友顯然很吃這一套，臉瞬間紅得像蘋果！我一直覺得這個比喻很俗，但真的很貼切！

我白眼簡直翻到了天上，應了句：「真幸福。」

事後 LINE 問他到底怎麼一回事，同學只輕描淡寫地回覆一句：「談著玩啊，大家都談。」

玩？只是談著玩？只是因為大家都在談，只是為了戀愛而戀愛，為了彌補大學的空缺而戀愛。聽起來有點可笑，但是這種情況並不少見。

這樣的愛情多半只是因為一時的荷爾蒙分泌。來也匆匆，去也匆匆。

你的大學，不會因為你少談了一場戀愛就變得黯淡，同樣不會因為一場戀愛而與眾不同。談與不談只是兩種選擇而已，完全沒有優劣之分。

晚上躺在宿舍的床上，室友之間經常閒聊，男生宿舍聊的最終話題還是會落在女生身上。

我誠心問了一句：「到底怎樣才算談戀愛？」答案不一，但逃不過逛街提包、看電影自覺買爆米花、時不時說甜言蜜語等撩妹大法。

答案裡的愛情似乎跟真心無關，只跟技巧有關。談戀愛變成了一個有著標準規範的行為，甚至談戀愛也可以速成，只要你嚴格遵守這些規則，你就一定可以擁有一場戀愛。當然，只是一段戀愛，跟愛情無關。

愛，從來都不是能夠學到的。只是你在對的時間遇上了對的她，你們彼此欣賞，彼此認同，彼此有種想要攜手餘生的衝動。你對她的每一個舉動都來自你對她的愛，根本

就不需要你根據所謂的好男人準則去刻苦練習。

2.3.3 一個人，依舊活得精彩

《奇葩說》辯手花希說：「人生最弔詭的地方在於，往往最動心的那個時刻，都是在你還沒有準備好的時候出現。」

我有一位朋友，長得特別帥，從小追他的女生不在少數，他也算是女人堆裡長大的物種了，卻從來沒見他對一個女生死心塌地過。因為大學不同校，除了IG的動態之外，我很少有他的消息。

放假回來兩個人小聚，準確地說是三個人。點餐的時候我點，他抱著手機不停地跟女友傳訊息。吃肉串的時候我看他不停地玩手機，便主動遞給他剛烤出來的新鮮肉串，可他正沉浸在手機聊天裡，根本顧不上吃肉串，騰出一隻手指指自己的盤子，示意我把肉串先放盤子裡，接著傳訊息。舉杯碰一下的時候，他的眼睛從手機螢幕上移開，皺著眉，頭微微輕抬，表示正忙、騰不開手。我自己喝吧！

愛情往往沒有公平可言。不是你付出的越多，得到的也就越多。往往到最後付出最多的卻是被傷得最深的。你付出的越多，反而變得越卑微，她的一顰一笑都將影響著你。

前段時間看IG，得知他與女友兩人已經分開。但他還是不願意放手，或許是付出了太多，也可能是真的很喜歡。

談戀愛更多的是對自己的發現，只有經歷過的人才知道自己真正想要的是什麼，或許得不到，但至少有了方向。大學裡的戀愛，讓我們不會孤單，至少兩個孤獨的人有了依靠。一段健康的愛情會讓兩個人都收穫頗豐，擁有更積極的人生態度。

但是，為了戀愛而戀愛，我怕傷人傷己，為了找一份安全感而戀愛，我想我不需要。寄託在別人身上的安全感隨時可能崩塌，只有靠自己才是最好的保障。

有很多人反對大學生談戀愛，最重要的一點就是告誡大學生情侶：「你們是不會有結果的。」這樣的反對理由根本就不成立，不是所有的事情都必須有結果才去嘗試，去堅持。而且，人活在世上有誰能真的可以未卜先知？大學裡，如果遇到喜歡的人就大膽去愛，大膽去追。

我依然羨慕大學裡的那些真愛，單純美好，有的只是兩人的相視一笑；我同樣尊重那些為了戀愛而戀愛的朋友，每一段感情至少在最開始的時候都是荷爾蒙的催化，儘管結局不盡如人意，但至少，夢的開始是那般美好。至少在一段感情裡，你尋尋覓覓，突然發現了想要的她和想要的自己。

但是，我還是想勸你千萬別為了戀愛而戀愛，如果沒遇到，單身的你也不必過多羨

慕那些情侶，更無須哀怨。你只需要，天冷的時候記得加衣，摔倒的時候別忘了努力站起來。你一個人，也可以照顧好自己。

一個人，依然可以活得精彩。在這段時光裡，你我要做的就是不斷充實自己，待他到來時，有資格與他同行，有資格跟他說一句：「我覺得，我配得上你。」

2.4 嘿，我想戀愛了

社會壓力太大，每個人談戀愛、結婚都過早地被物質條件所逼迫，人們想要找的不再是戀愛帶給自己的美好，而是物質生活帶給自己的安全感。

2.4.1 暗戀如同帶刺的玫瑰

不想結婚的人被稱為「不婚主義者」，但是如今的社會存在著很多典型的「不戀愛主義者」。曾經給自己想過很多理由來支撐我的不戀愛觀點，沒時間，沒精力，沒錢，習慣了一個人生活的我拒絕另外一個人的融入。

但是，國中時，當同學們都一門心思栽進知識的海洋、為了應對各種考試奮力拚搏的時候，我已經情竇初開，有了戀愛的衝動。

如果從戀愛的定義上來講，那時候我的單戀還不算真正意義上的戀愛，畢竟對方壓根就不知道我的想法。但我覺得那份愛絕對炙熱、絕對真誠，不容許別人有半點質疑。

暗戀，一段埋藏在心底從未說出口的愛情。從心理學上來講，暗戀是一個人對愛情的準備階段，比起電視劇裡那轟轟烈烈的求婚儀式、虐狗般的秀恩愛，我們永遠都是愛情的旁觀者。但是從暗戀開始的那一刻，我們對愛情就有了屬於自己的懵懂理解。這一次，我們成了主角。

暗戀如同帶刺的玫瑰，可以讓人心之嚮往，也會令人心如死灰。**每一個人在暗戀的最初階段都有一種莫名的興奮和喜歡，又都懷有一絲忐忑和不安。**暗戀和真正意義上的戀愛一樣都可以成就一個人，也可以毀掉一個人。

2.4.2 別被物質綁架了

朋友小K是個典型的悶騷男，從上大學開始就喜歡上同系的一個女孩，兩個人真稱得上是男才女貌了。

兩人眉目傳情，但就是沒人先說出口，女孩想要進一步發展，卻遲遲等不到小K的表態。礙於情面，她找了兩人共同的好朋友R，想讓R旁敲側擊地問問小K到底是怎麼想的。

熱心腸的R對八卦這種事情自然是幹勁十足，欣然答應了女孩的請求，一臉壞笑地拍了拍女孩的肩膀說：「放心吧，這事就交給我了。」然後一臉壞笑地揚長而去。

我和小K一起出去吃飯，R走過來，小K和女孩的事情大家都看在眼裡，也不是什麼祕密，當著我的面R開門見山問小K：「你到底喜不喜歡那誰誰啊，喜歡就別拖拖拉拉，男人主動點，怎麼，你還等著人家向你表白啊，要是喜歡就快點告白，要是不喜歡就別跟人家搞曖昧。」

小K無奈地聳聳肩說：「我是喜歡她，可是我現在什麼都沒有，畢業就意味著失業，我都不敢想以後房啊、車啊的怎麼辦，連我自己都看不到自己的未來，拿什麼喜歡人家啊，還是別耽誤人家了。」

我和R瞬間站在了一個陣線調侃：「得了吧，別得了便宜還賣乖。要喜歡就追啊，哪來那麼多的條件限制。」

什麼車啊、房啊，你想的也太多了吧，別過早地陷在整個社會隱形的條框之中。愛情不是和一個最適合自己的人在一起，而是遇到一個更適合自己的人時，能夠堅守自己對所愛的人作出的承諾。愛情也不是兩個人眼睛對視，而是兩個人的眼睛看著同一個方向。結婚確實需要一定的物質保障，但戀愛還是純粹一點，單純地享受戀愛本身就好。

愛一個人並不是要從對方身上得到什麼利益，　也並不是說你功成名就了才配擁有

談戀愛的資本，愛一個人，真心對他好，有責任心是好事，但千萬別讓其成為阻隔你們的鴻溝。在最美好的年華里，如果能遇到一位自己喜歡的人，就已經是人生的一大幸事了。

英國十九世紀初偉大的浪漫主義詩人喬治・戈登・拜倫（George Gordon Byron）曾說：「愛情中的歡樂和痛苦是交替出現的。」

蔡康永也曾對戀愛做了一次總結，他是這樣說的：「戀愛的紀念物，從來就不是那些你送給我的手錶和項鍊，甚至也不是那些甜蜜的簡訊和合照。戀愛最珍貴的紀念物是你留在我身上的，如同河川留給地形的，那些你對我造成的改變。」戀愛的最終目的和結婚生子關係不大。因為相愛而願意學會換位思考，學會營造快樂，學會理解和體諒對方，學會在自己和二人世界中尋求平衡，哪怕最後的結果是分離，也要認真地學會放棄，然後繼續向前走。戀愛中最重要的事情是成長。

不是所有的情侶都能步入婚姻的殿堂，也不是所有的夫妻都能夠白頭偕老，執手餘生，未來的事情有太多不可控的因素。戀愛也永遠不會只有開心幸福，難免會遇到挫折，偶爾拌個小嘴，吵個小架，但過去之後，一個擁抱，一聲「寶貝」，一個香吻就可以恢復平靜。結婚後，兩個人只要心在一起，互相成為對方的依靠和精神信仰，兩個人朝著共同的目標奮鬥，就足夠了。

有了喜歡的他或者她之後，你不再感到一個人孤單，也再也沒有一個人吃火鍋時上個廁所就被收了餐具的無奈，有什麼心裡話都可以說出來給對方聽，一起吃早餐，一起去旅行，一起享受人生的美好，一起感受生活中的喜怒哀樂。

2.4.3 張開雙手，擁抱愛情

社會給予我們的壓力太大，每個人談戀愛結婚都過早地被物質條件逼迫，更有人總結說：「當貧窮從門外進來，愛情便從窗戶溜走。」人們想要找的不再是戀愛帶給自己的美好，而是物質生活帶給自己的安全感。

這樣說可能太絕對，有人會反駁，難道愛情和充足的物質生活不可以兼得嗎？為什麼你就肯定我不能夠既得到愛情又可以擁有很好的物質保障呢？

我當然相信愛情可以和物質兼得，我還相信如今的我們越來越有能力做到愛情物質的雙豐收。但我只是想告訴你，如果你喜歡某個人，但如今的你並沒有很好的物質基礎，也別太憂心忡忡，擔心自己給不了所愛的人幸福的生活。

愛情不能當飯吃，但愛情足以成為你們兩個人上進的動力，只要兩個人心在一起，兩個人都努力完善著自己、提高自己的能力，你們想要的物質生活早晚會到，只要做到了這些，你想要的物質生活和正義一樣，可能會遲到，但不會缺席。

嘿，遇到喜歡的人就大膽去追吧，不強求愛情，但當愛情來臨的時候，不要因為有過多的顧慮而拒絕接受，不要因為自卑而選擇逃避。當愛情來臨時，張開雙手擁抱吧，願你我都可以談一場簡單純粹的戀愛，找到屬於自己的愛情。

2.5 你變成什麼樣我都愛你

兩個人的戀愛，朝著共同的目標努力奮鬥，你目睹他的成長，她見證你的蛻變，兩人攜手成就更好的自己才是一段最完美的愛情。有人說你變了的時候，你依然是你，只不過是你不再按他們的方式生活罷了，若問心無愧，請堅持做你自己。

2.5.1 相濡以沫的愛情還存在嗎

晚上趕末班車回家，車上空蕩蕩的，車廂裡沒有開燈，黑暗中只有手機螢幕閃著螢光。我坐在靠近車門的地方，聽到後面傳來幾聲啜泣，扭頭看是位女孩，淚眼婆娑，坐在一旁的應該是她的朋友。她的朋友正不停地安慰她：「那種『渣男』要他幹什麼，分了就分了！」

女孩努力穩住自己的聲音：「我就是放不下，他說過我變成什麼樣他都愛我。」

我真是一口老血差點吐出來，低著頭佯裝玩手機，聽女孩繼續說：「他現在越來越把我當空氣，動不動就對我發脾氣，可我真的放不下啊。」

她朋友估計也是聽不下去了，把遞給她的紙直接攥在手裡，窩成一團扔到地上：「你有病吧！至於為他哭成這樣？」

之後的對話我沒有聽清，只是那句「你變成什麼樣我都愛你」讓我思考良久，愛情真的可以永保新鮮嗎，愛情真的可以保證不管你變成什麼樣我都愛你嗎？

好像愛情真的可以，畢竟有一種愛情叫相敬如賓，有一種愛情叫相濡以沫，但似乎年輕一代的我們再也承受不起平淡如水的日子，更不要還沒經歷就已經老去，渴望每天都有新鮮事物的刺激，每一天都將會激情滿滿。相濡以沫的愛情只生活在父母或者更年長的一代。

2.5.2 愛情需要兩個人共同經營

戀愛中的男生總是會哄女生：「親愛的，不管你變成什麼樣，我都會像現在一樣愛你，不，我會更愛你。」女生聽到後不免春心蕩漾，滿臉幸福。

馬鈴薯是我認識的一個女孩，很單純，典型的傻白甜。可能是父母對她的嬌慣，馬鈴薯在男友面前總是喜歡無理取鬧。

馬鈴薯大半夜嚷著想吃甜甜圈但願望沒能得到滿足，或者男友加班無法脫身時，她就認為男友不夠愛自己。她還時不時地在網路上找一堆滿分男友的標準發給男友，讓其效仿。一旦男友真的生氣了，她就撒嬌，生生把男友的怒氣給撒沒了。

起初男友覺得馬鈴薯可愛，但漸漸地，可愛變成了任性，甚至是無理取鬧。由於工作性質的不同，馬鈴薯閒暇時間相對比較多，沒事的時候，馬鈴薯喜歡給男友打電話，男友覺得這樣下去不是辦法，嘗試和馬鈴薯講理，但總是被一句「你不是曾經說過不管我變成什麼樣你都愛我」給噎死。

後來馬鈴薯的男友不再爭辯，任打任罵，漸漸變成冷暴力。沒多久，馬鈴薯忍受不了，便提出了分手，美其名曰是甩了男友，實則自己把愛情給作死了。

朋友們都說馬鈴薯太傻，居然會相信男人的謊言，馬鈴薯閨蜜也幫著馬鈴薯大罵男友渣。可真的是男友渣嗎？

愛情，是兩廂情願，是接受，不是忍受；是關心，不是綁架。兩個人，一方永遠不能指望著另一方的遷就苟活，更不能仗著對方的愛肆無忌憚地無理取鬧。你變成什麼樣我都愛你，但不包括你的蠢。

兩個人的戀愛，朝著共同的目標努力奮鬥，你目睹他的成長，她見證你的蛻變，兩人攜手成就更好的自己才是一段最完美的愛情。

無論男女，都需要不斷地充實自己、完善自己，兩個人攜手共進，可以有不同的交友圈，但一定要有交集，有共同的話題可以討論，一味指望荷爾蒙使愛情永葆青春，難如登天。

女孩們，當有人再跟你說「不管你變成什麼樣我都愛你」的時候，千萬別把這句話當成要脅對方的把柄，變成自己任性和無理取鬧的資本。

愛情需要兩個人用心經營。多一點真誠對待，少一點猜忌考驗。

當初一句「無論怎樣我都愛你」未必是謊言，只是沒能經得起歲月的侵蝕。

當愛情的荷爾蒙褪去，兩個人能長久地在一起的主因不再是容貌，越到後來越是價值觀的吻合，你同意他的看法，他贊同你的觀點，你們有著共同的話題，有著想要相互傾訴和分享的欲望。

當價值觀嚴重衝突，沒了共同話題的時候，當他對你說出你變了的那一刻，你不再是他的公主，他也不再願意做你的王子，此刻的你別辯解，無論你怎樣挽回都已經不符合他的標準，你已經跟他想像中女友的模樣發生了偏離。

有人說你變了的時候，你依然是你，只不過是你不再按他說的方式生活罷了，若問心無愧，請堅持做你自己。

別再聽到某個人對你說「你變成什麼樣我都愛你」就心花怒放，這年頭，除了我們的父母會真心愛我們之外，除了不管臺幣如何更新換代我們愛它如故以外，還真沒什麼能說你變成什麼樣我都愛你了。

2.6 失戀這事沒你想的那麼恐怖

失戀本是一種帶著傷痛的成長，真的走出失戀不是忘記某一個人，而是當你再見到他的時候，心中已經沒了波瀾，只想問一句：「你還好嗎？」沒有留戀，只剩下最簡單的寒暄。

2.6.1 失戀不過是習慣被打破

很少有人在一生中能一次遇到真愛，大多數人總是在尋尋覓覓中經歷了無數次的失敗後，才有可能遇到自己的真命天子。

如今的社會沒了古代的媒妁之言，對於真愛的渴望更是達到了巔峰，很少有人願意將就，失戀也成了每個人的必修課。

有人說女生天性愛美，喜歡用不同的方式證明自己的魅力，但又害怕失敗，經常會產生自卑的情緒。擔心自己是否足夠優秀可以配得上喜歡的人，更擔心被競爭者比下

去。往往還沒敢勇敢追愛，就被自己所設置的心理障礙給困住了。

還沒戀愛就已經「失戀」，未曾擁有過的愛情也會把你傷得痛徹心扉。

人們害怕失戀，害怕被甩，我們總會時不時在新聞上看到不少為愛輕生的少男少女。彷彿對他們來說，失戀就是世界末日，沒了另一半陪伴自己的人生便不再完整。可我們要明白，不是所有愛情都能變成親情，不是所有的愛人都會陪你到老。

「士之耽兮，猶可說也，女之耽兮，不可說也。」相對於男性，女性遭受失戀的痛苦來得更猛烈。

我不知道多少人曾嘗試用自殘的方式來挽回愛情，我對於自殘的認識還得追溯到國中。當時正在上課，我們突然聽到一聲大喊：「茉莉要自殺！」頓時班級炸了鍋，老師衝下講台，同學一瞬間圍到茉莉旁邊，鮮血從茉莉的手腕湧出，沾滿鮮血的美工刀躺在一旁。

我不敢想像平時柔弱的茉莉怎麼能對自己下這麼重的手。事後得知是因為茉莉喜歡的男生有了女朋友，僅僅如此，那個男生甚至都不知道有個女生因為自己選擇了自殘。

自殘真的有用嗎？沒有！自殘並沒有告訴別人你有多愛他，只會顯得你有多不愛自己。愛別人的前提是愛自己，別愛得太卑微，活出自己的精彩，才會收穫真正的愛情。

失戀只是因為曾經設想好的未來，突然之間毫無徵兆地被全盤摧毀。但別擔心，時間會療傷，只是療效因人而異，有快有慢。

2.6.2 樂天派眼裡的失戀

菲兒是我的一位讀者，天生的樂天派，失戀對於她似乎還是好事。

菲兒是被男友甩的。分手的時候男友把菲兒約到電影院，散場的時候燈光昏暗，男友對菲兒提出了分手，解釋道：「不是你不好，你很好，只是我們不合適。」

我問菲兒你當時聽到這話難受嗎？

菲兒回答道：「難受啊，難受又怎樣，不合適就別勉強了吧。再說，失戀未必都是壞事，至少離你的真愛更近了一步。」

日本作家渡邊淳一在《男人這東西》裡提到：「男人分手之際態度曖昧，是不想給女方造成打擊，這是男人溫柔的一面；如果從反面看，他們的用意是不想讓自己成為惡人，不想承擔拋棄他人的罪名，這不能不說是狡猾；再反過來，為了不傷害對方，他們不願意說出刻薄的話，可見，他們是懦弱的動物。」

能做到菲兒這樣灑脫實屬不易，多數人失戀後難免會萎靡消沉，茶不思飯不想，渴望挽回，但又心知肚明不再可能。

其實啊，被甩了真沒必要破口大罵，更無須自怨自艾，沒必要封鎖心門，更不要喪

失對生活的信心，儘早擺脫一段沒有結果的愛情，於己於他都是好事。

失戀到底能有怎樣的後果？因為一個人恨了一座城，曾經的回憶成了最大的折磨，曾經走過的路、看過的風景，都成了輕易揭開傷疤的匕首，拚盡全力想要擺脫卻又無濟於事，但是何必讓回憶變成一種痛苦呢？回憶甚至比經歷還要漫長！

2.6.3 「天王」也會失戀

曾經看過主持人陳魯豫對「天王」周杰倫的一段採訪。

魯豫問周杰倫：「你失戀過嗎？」

周杰倫笑道：「當然啊，誰沒失戀過？」

魯豫說：「可是你是周杰倫啊，連你也失戀過啊。」

是啊，連「天王」都會失戀，我們大多數人總要在愛情裡摸爬滾打一番才能遇到真愛，總要多一點經歷才能知道自己真的想要什麼。

失戀根本就沒有我們想的那麼可怕，沒必要讓自己活在回憶裡。作家韓寒曾說：「失戀的人的傷心大多不是因為戀人的離開，而是因為自己對自己處境的同情和憐憫。可怕的不是走不出來，而是你不願意走出來，寧願在失戀的泥沼裡不斷掙扎，卻不願意嘗試改變。」

失戀後的我們可以傾訴，可以訴苦，但別自怨自艾，從此消沉。很多女生失戀後自尊心以及信心都會受到雙重的打擊，開始懷疑自己，甚至是質疑自己。分手只不過是兩個人的不合適，要反思，但請不要過度質疑自己。

2.6.4 如何走出失戀

有人說擺脫失戀最好的辦法就是開始一段新的戀情，轉移到另一個胸膛尋求溫暖，可往往到了最後卻發現自己傷得更深。為了療傷而選擇的戀愛，多半到最後發現：自己其實並不愛另一半，想要開口提分手，卻覺得心中有愧。將就下去自己難受，提出分手又於對方有愧，所以千萬不要為了療傷而戀愛。

其實開始一段新的戀情不過是為了轉移注意力，不再沉迷於過去，讓自己的生活充實起來。所以失戀後的自己該做的就是找事做，給自己新的目標、新的規劃，讓自己步入一個新的生活裡。

菲兒就是這樣，失戀後默默地報名了插花班，又報了網課，每周的時間都安排得滿滿的，根本沒有時間讓自己胡思亂想。在新的生活裡感受到不同的美好，人生中快樂的事情實在太多了，千萬別浪費在失戀這件事上，讓自己活出個樣來，等再次見到他時也能微笑著問好。

失戀後除了轉移注意力之外，也需要適當的發洩，哭是最常見的，想哭就哭，別把自己偽裝成超人，難受了就哭吧。

找閨蜜發洩、吐槽，只要能讓自己好受一點就盡情地發洩。但別因為失戀就覺得自己應該被照顧，變得蠻橫無理。

失戀本是一種帶著傷痛的成長，真的走出失戀不是忘記某一個人，而是當你再見到他的時候，心中已經沒了波瀾，只想問一句：「你還好嗎？」沒有留戀，只剩下最簡單的寒暄。

2.7 讓孤獨成就你

一段旅程下來，我想我對孤獨有了一層新的認識，人活在世上，都是一個孤獨的個體，總歸要學會與孤獨為伍。一個人久了，會越來越抗拒束縛，想要自由，越來越理性，知道自己想要什麼，即使有時會感到空虛寂寞，但好在有自己喜愛的東西陪伴。

2.7.1 什麼是孤獨

很多哲學家認為，孤獨是人存在的本質。孤獨不是一種心理狀態，而是全人類要面對的客觀事實，「我們生來就是孤獨」。

我們也習慣性地把孤獨掛在嘴邊，到底什麼是孤獨？

形單影隻是孤獨，老無所依是孤獨，有話無處可說是孤獨，心無處可交亦是孤獨。印象中的孤獨也是一個帶有悲觀主義色彩的詞彙。我試著給孤獨找一個定義，想要看看到底什麼是孤獨。

我搜到了這樣的解釋：孤獨，孤是王者，獨是獨一無二，也就是獨一無二的王者，他不需要接受任何人的認同，更加不需要任何人的憐憫，王者絕對可以在任何環境下很平靜地獨行。**孤獨並非是在自己心情壓抑或者是失戀的時候出現，那種感覺只是空虛和寂寞，稱不上孤獨。**

當我第一次看到這樣的解釋時是興奮的，彷佛突然被肯定，原來孤獨並沒有我們想的那麼糟糕，孤獨甚至會成就我們。

2.7.2 一個人的自在

暑假回到老家和一幫許久未見的老同學約好去河邊玩。曾經的五人小組現在已經拖家帶口壯大到了八人，只有我和A沒有談戀愛，而A還是剛剛勞燕分飛。說到底，大學時期沒有戀愛的就只剩下我一人。一幫損貨一路上不忘記秀恩愛，我已經成了大家公認

的外星人。

晚上一個人走在回家的路上，夜色很濃，沒有月亮，黑壓壓的一片，感覺一場暴雨即將來臨，路兩旁的蟬叫得格外厲害，一路走著，陪伴自己的只有自己的影子，偶爾經過一個沒有路燈的小道，連影子似乎都不願意追隨。暴雨像一片巨大的瀑布遮天蓋地地湧了過來，豆大的雨點砸在地上開了花。地上很快就有了積水，雨水沖散了悶熱，空氣如同摻了薄荷一樣涼絲絲的。

等回到家，我已經全身濕透。夜深難眠，我翻開手機通訊錄想要找個人聊天，卻發現沒有人可以傾訴。

那一刻，我覺得自己是孤獨的。我想要分享我的快樂，想要傾訴我的煩惱，卻發現空無一人。

我們害怕孤獨，害怕被孤立，拚了命地栽進人群裡。為了打發時間，我開始試著給自己找點事做，參加各種聚會，觥籌交錯中喝個爛醉，到了半夜在一個個 KTV 裡不停地穿梭。我覺得我是充實的，至少每天都有一大幫的人在陪著我。

但很快我發現這不是我想要的充實，我又回歸到了一個人的生活，一個人吃飯，一個人睡覺，甚至一個人看電影，一個人吃火鍋，我開始享受我的孤獨。

孤獨是一種選擇，一個人的時候坐下來，跟自己談談話，想想自己到底要什麼，一

群人的狂歡倘若不能沉浸其中，亦是一種孤獨。

在大學，宿舍就是「墮落」的深淵，鮮有人在宿舍裡能獨善其身，經得住遊戲的誘惑，認認真真地看幾本書。當你的同學都在打遊戲時，你想去圖書館看書，此刻的你會不會覺得孤獨？沒人陪伴，與室友有點格格不入，你開始懷疑自己，你想要融入，但卻發現你和室友完全就是兩個世界的人。

你想要考研究所，你的室友想要找工作；你想去大城市，可你的室友想要回到老家；你想要多一份歷練，選擇兼職，可室友覺得錢太少還不如睡覺。所以，你是要選擇從眾，還是追隨本心？追夢路上的你很難一開始就遇到同路人，學會接受孤獨便是追夢的第一步。

當你和身邊的人不一樣時，你便會覺得自己難以融入其中，因而感到孤獨。如果你與他們一樣，你自然會感到安全。可是這份安全的代價若是墮落，你還想要嗎？

2.7.3 一次瘋狂的旅行

都說人這一生要有兩次衝動：一段奮不顧身的愛情，一次說走就走的旅行。前者我一個人實現不了，後者尚可達到。

我開始連夜收拾行李，一早起來訂了當天的火車。

幾個小時後我到了臺中，人生中第一次看到大海，比想像中更動人心魄，看著海浪一團團地襲來，張開手擁抱卻總是撲個空。兩手拿著鞋子，赤腳在海灘上奔跑著。

這次旅行只有我一個人，再加上想認識更多的朋友，我第一次住進了青年旅社。這裡每一個人都彷彿有一大堆的故事要講，你只需要坐在大廳裡，示意一個微笑，他就可以給你講上三天三夜。

這裡的人好像都很孤獨，都習慣了一個人行走，鮮有組團出遊的朋友。但是他們又好像不孤獨，有回憶做伴、風景為友，一路上也收穫了不一樣的精彩。

我開始羨慕這份孤獨，羨慕一個人的遠行，坐在火車的折疊椅上，看著窗外倒退的房子、倒退的樹木……思考以前從未想過的事情。

《目送》裡有一句關於孤獨的描寫：「修行的路總是孤獨的，因為智慧必然來自孤獨。」

一段旅程下來，我對孤獨有了一個新的認識：人活在世上，都是孤獨的個體，總歸要學會與孤獨為伍。一個人待久了，會越來越抗拒束縛，想要自由，知道自己想要什麼，即使有時會感到空虛寂寞，但好在有自己喜愛的東西陪伴。

2.7.4 學會享受孤獨

孤獨的人都喜歡折騰，遠離了喧囂，開始尋找內心的寧靜。回到家我開始試著換一種辦法充實自己，我需要一個出口，一個可以宣洩的辦法。我開始寫作，在社交平台上陸續開始寫文章。偶爾被編輯推薦、被雜誌收錄，我都會開心許久。漸漸地，閱讀和評論也接踵而至，有讚美亦有批評，甚至有人直接對我進行人身攻擊。剛開始我會鬱悶，不過最後也會看開。現在我對待評論的態度就是：歡迎交流，但不陷於爭辯之中。比起這些，更讓人興奮的是在寫作的過程中我認識了一堆志同道合的朋友。

寫作的人大多是孤獨的，不善於社交，儘管是個話癆，但更願意用文字來表述，寫作的人甚至是自卑的。

可正是孤獨讓我靜下來思考，偶爾靈感迸發，寫出一兩段精彩的話語，我都能開心地跳起來。比起燈紅酒綠的狂歡，我開始迷戀上了孤獨。作家劉同說：「孤獨之前是迷茫，孤獨之後是成長。」所以，別害怕孤獨，學會享受孤獨，與孤獨為伴，與孤獨共舞。讓孤獨成就你我！

2.7.5 測試看看你是不是一個孤獨的人

一、你是否經常發呆？

A不會　B偶爾　C經常

二、你身邊是否有信得過的知心好友？

A一個以上　B一個　C沒有

三、下班後回到家有人陪你吃飯？

A很多　B偶爾聚餐　C經常一個人

四、你睡覺的姿勢是什麼？

A倒床就睡　B仰臥　C側臥抱著枕頭睡覺

五、旅行回來你的相片都是哪種類型？

A很多合照　B自拍照　C全是風景照

六、生病的時候有人陪你看病嗎？

A有朋友家人的陪伴　B雖然沒人陪伴但家裡有常備藥

C沒有，一個人解決

七、無聊的時候你會做什麼？

A我感覺我的時間壓根不夠用，沒空無聊　B寫字畫畫等　C睡覺

八、你是否更喜歡安靜的環境？

A 更喜歡 KTV 這樣的場景　B 時而熱鬧時而安靜　C 喜歡獨處

測試結果分析：

A：零分 B：一分 C：兩分

(一) 零至五分　孤獨指數：一顆星

你並不是一個孤獨的人，你有著自己的朋友圈，有著自己的規劃，有著自己的興趣愛好，你身邊有一堆值得你探索發現的新鮮事物，你沒時間去孤獨、去自怨自艾、去把自己關在孤獨的小黑屋裡，生活對你來說無限美好。

(二) 六至十分　孤獨指數：三顆星

偶爾夜深人靜的時候忍不住一個人哭泣，不自覺地陷入孤獨的情緒中，你多半是一個感性的人，天氣的變化、某個場景的轉換都有可能讓你陷入沉思。你認為身邊真正懂你的人並不多，但好在還擁有一個自己熱愛的事業或者方向，你喜歡旅遊、喜歡獨處，但是有著自己的調節方式，儘管孤獨讓你偶爾傷心，但整體上你還是積極向上的。

(三) 十一至十六分　孤獨指數：五顆星

朋友，你總是覺得自己被孤立，覺得身邊的人都不理解你，想要傾訴卻發現身邊沒

有一個信得過的朋友可以發洩。經常感到孤獨、感到無助，但正如文章所說的，「孤獨不是壞事，孤獨讓我們的生活變得簡單化，可以追隨內心做自己想做的事情。」別被「孤獨」這個詞給嚇怕了，讓孤獨成為我們追夢路上的新法寶，讓孤獨成就你我。

第三章　關於成長

3.1 尷尬致死是種怎樣的體驗

努力的目的有很多，比如，看到更大的世界；想要不斷充實自己，讓自己變得足夠強大，可以選擇人生，可以對討厭的人說不；在對的時間遇上那個可以陪伴自己一生的人，不會因為懶惰而配不上，不會因為消極對待而喪失追求的機會，自信地說一句：「你很好，我也不差。」但同樣，努力還有另一個很簡單的目的，那就是避免尷尬、避免出醜。

3.1.1 「旋轉小王子」

尷尬，在心理學上是指在某種場合下自身（或見到他人）被逼迫到窘境，面對無法預料的情況而表現出不知所措、逃避問題、發怒以及沉默等行為，也就是自己處於兩難境地又無法擺脫。

我們這一生中所要經歷的尷尬事可謂數不勝數，眾目睽睽之下的出醜，是尷尬；不恰當的表達、不得體的舉動使眾人一時無語凝噎，亦是尷尬。

國中的時候，由於機緣巧合，我被選中做校園播音員。

一次學校舉辦校園文化演講比賽。每班必須選出一名人員參賽。這個任務落到了我頭上。

學校給的時間還算充裕，足足一周，只需要準備一場五分鐘的校園介紹的演講。因為時間尚足，我便一拖再拖。倘若不是要求提前一天在班裡演講，我的演講稿估計也是比賽前一天才能完成。這件事我想當然地以為很容易，誰知道真的落筆去寫才發現很難，最終在老師的幫助下，稿子勉強通過。我突擊背了一個晚上，第二天在班級演講的時候還算順利。晚上回家便把稿子放一邊，又出門玩耍去了。

第二天，全校師生聲勢浩蕩地搬著椅子在學校操場坐好。我坐在後台，想趁前面選手演講的時候再看幾眼稿子。卡住的時候，我看一眼就很順利地背下來，自以為背得滾瓜爛熟。

輪到我上場了，一開始很順利，可能是因為面對全校的師生突然有些緊張，但更多是因為自己準備得不充分，所以，講了一半突然忘詞，大腦一片空白，三十秒，一分鐘，時間好漫長。我開始不知所措，絞盡腦汁地想卻還是沒能想起一詞半句。

實在太尷尬了，我就當著全校師生的面轉了一圈。在老師那殷切的眼神、同學們加油的掌聲中，我真的就在演講台上旋轉三百六十度，可還是沒能想起來。旁邊的輔導老師有點坐不住了，不停地看我，示意我快點，不行就下去。沒辦法，我只能跳過中間部分，草草背完最後一段收場。從此，我成了忘詞的「旋轉小王子」。

不記得最後我如何逃下那個舞台。我只是後悔，倘若我好好利用這一周的時間，我是不是可以將演講稿寫得更好，是不是可以背得更流暢？甚至可以透過反復的演講訓練，再配上各種手勢以達到更好的演講效果？答案是肯定的。

可是，我並沒有那樣做。所以，這樣的尷尬是我應得的。人在尷尬的時候會覺得無地自容，想要找個地洞鑽進去。面對尷尬，如果不能逃避，不如從容面對、承認自己的錯誤，甚至可以採取自嘲的方法來化解尷尬，死撐只會讓自己越來越尷尬。

本以為這樣的尷尬在以後的人生中我會極力避免，可在大學期末考試的時候，我又犯了同樣的錯誤。

3.1.2 尷尬還不都是自己「作」的

上了大學，我開始揣摩老師的講課習慣，自以為很聰明地摸清了套路，可最終還是以尷尬收場。

外教課，學校沒有給任何學分，六十分跟一百分是一樣的。一般只要按時上課並完成作業就可以達到及格的分數。這學期外教課的期末作業是製作一首MV。

我同樣有充足的時間，整整兩周。但是，我從兩周拖到一周，從一周拖到最後的週末，再到交作業前兩小時。怎麼辦，作業總不能不寫吧？我喊小組成員出去錄製，大家都覺得浪費時間，一個人又沒法完成，只能放任自我，隨大流，畢竟「法不責眾」。

我們常習慣性地選擇逃避，可事實證明，一味追隨、妥協，最終喪失的不僅僅是鬥志，更是缺少對未知事情挑戰的態度。

MV是在交作業前一晚完成的，宿舍一共四個人，我們用一部手機調整好角度，以宿舍醜到爆的藍色窗簾為背景，窗簾背景不夠大，四個人還站不下，於是徵用了一塊床鋪的遮光簾。就這樣，五分鐘的MV一鏡到底，沒有場景，沒有剪輯，沒有配字。準確地說，就是一個四人合唱的錄影。我們全程一臉生無可戀的錄製，只想感歎：哪個人選的歌，時間這麼長！

第二天早晨上課，做MV展示。不出意外，大家的MV都用心準備了很久，各種漂亮的場景切換，恰當的剪輯，合理的邏輯線，甚至比一些專業的MV更賞心悅目。

輪到我們，第一幀封面圖，四個巨醜的男生跟一九九〇年代過年拍全家福照片一樣，一人坐在正中間，其餘三個站在後面。全場爆笑，為了掩飾尷尬，我們抱著頭趴在桌子上。那五分鐘，真漫長。

我們羨慕別人的優秀作品，情不自禁地鼓掌；也肯定別人的努力，認為這樣才是對的。可是，我們因為消極對待，敷衍了事，結果換來的只有哄堂大笑。而這一切，我本可以避免。

等到事情發生後，我難免也會沉浸在令自己尷尬的氛圍當中。但對於沒能認真對待工作而造成的尷尬，我認。我開始反思造成尷尬的原因，只有這樣，才能減少此類尷尬事件的發生。

3.1.3 如何避免尷尬

我喜歡寫文章，每次寫完修改和檢查錯別字的時候，我都能發現不少讓人啼笑皆非的錯誤。為了省時間，我總是檢查一遍就提交發布，然後就會在評論裡看到各種錯別字的提醒。一篇文章裡，錯別字真的就如同一份香噴噴的麻辣火鍋裡躺著一隻蒼蠅，大煞風景，讓人倒胃口，沒了興致。

我「被迫」在每次發布前再三檢查，可偶爾還是會犯錯。就比如前天發給管理員的一封私信，我本意是麻煩他給解釋某個規則。因為我是用手機輸入完直接就發送過去了。直到收到回覆，我才再次查看自己發送的訊息，不禁笑出聲，我把「麻煩」打成「媽蛋」了。還有一次我寫如何在大學期間兼職，把「發傳單」打成「發床單」了。

如果我能在發送前檢查一遍，哪怕只是掃一眼，我想這樣的錯誤就可以避免。可是，我沒有。

努力的目的有很多，比如，看到更大的世界；想要不斷充實自己，讓自己變得足夠

強大，可以選擇人生，可以對討厭的人說不；在對的時間遇上那個可以陪伴自己一生的人，不會因為懶惰而配不上，不會因為消極對待而喪失追求的機會，自信地說一句：「你很好，我也不差。」但同樣，努力還有另一個很簡單的目的，那就是避免尷尬、避免出醜。而這一切你我都可以透過努力避免。

所以，從今天開始，認真做好身邊的每一件小事，正確對待每一個任務，付出不一定取得完美的結果，但是一定會記錄下你的成長，同樣像上述那樣尷尬的事情，發生的次數也一定會越來越少。讓尷尬成為一面鏡子，時刻鞭策自己成長。

3.2 成長就是把曾經的奢望變成日常

成長或許就是把曾經的奢望變成日常，少了當初的期待，沒了當初的熱情，只剩下一副空皮囊，為了生計被迫去做。不覺得可惜，只是越長大，越羨慕當初的自己。羨慕當初那個因為一根香蕉、一碗泡麵就能高興一天的自己，懷念當初那個凡事都幹勁十足的自己。

3.2.1 當夢想變成現實

小時候的夢想很多，也很簡單，想要天天吃肉，吃各種冰淇淋，想要天天坐火車、坐飛機。如今，曾經的奢望逐漸變成日常，卻沒了當初的熱情。

小時候嘴饞，看別人吃什麼我就特別想吃，但也知道家裡的條件無法滿足，於是，大多時候我只是默默地看著，留下滿滿的羨慕。

記得當時老媽總是帶著我去買水果，當時買的最多的是蘋果和梨，香蕉在我看來就是水果中的「牛肉」，因為價格昂貴，我們極少購買（貌似現在蘋果成了貴的，香蕉都是便宜的）。

或許是為了彌補自己小時候的缺憾，長大後凡是買水果，我大多時候會買上幾根香蕉，甚至很多時候只是為了買而買。但是，一樣的水果，我卻再也吃不出小時候的香甜。

小時候我特想吃泡麵。如今被大家看成垃圾食品的杯麵，那個時候對我來說簡直就是奢望，日思夜想，如同現在思念某個女孩。

我清楚地記得第一次吃杯麵的情景，吃完了麵還要自己再買一包王子麵放進去，再加點熱開水，吃得特別爽快，反覆幾次直到徹底沒味。而現在，吃泡麵已經成了萬般無奈下的一種選擇。

我小時候想要吃各種山珍海味，希望頓頓都是大魚大肉，想要天天外食。可如今，我還是懷念一碗五穀雜糧熬成的稀飯，味很淡，卻成了我出門在外最想吃的。

我想念老媽做的酸菜糊麵條、酸菜魚，想念老爸做的酸辣馬鈴薯絲、燉排骨，越來越多的餐廳開始賣家常菜，卻怎麼也做不出我想念的味道。

上學的時候，過了暑假，同學們再聚到一起時，不免炫耀著自己暑假去了哪旅行，看了怎樣的風景。每次聽到的時候我都很羨慕，羨慕他們可以坐火車，羨慕他們可以欣賞外面不一樣的世界。

直到國中，我才乘坐人生中的第一趟火車，為此激動了好久，跑到超市買了一大堆零食帶上車。如今，出去旅行的次數也不少，但卻少了兒時的熱情，我害怕坐車，害怕出遠門，更不會因為要坐車提前去準備一堆零食，甚至一碗泡麵都覺得是負擔。

兒時的奢望如今已成為負擔，到底什麼變了，我不知道。可能是每一次的啟程要背負的越來越多，要思考的也越來越多，我們都已經沒辦法再輕裝上陣，只能硬著頭皮為了生計奔波。

3.2.2 兒時的奢望已成為負擔

小學五年級，鄰居家買了一台電腦，吸引了附近所有的小孩，我們都排著隊想要玩

玩這個大遊戲機，甚至只是摸摸滑鼠。儘管看個動畫片緩衝的時間比動畫片時間都長，但是沒能磨滅我們的熱情。

不少同學為了玩電腦偷錢上網吧，然後被拎著掃把的老媽直接從網吧一路打到家，想著如果自己家裡也有一台電腦該多好。直到國中，二〇〇八年北京奧運前夕，老爸給我買了人生中第一台桌上型電腦，灰色主機上有一條大紅的線條，宛如窈窕淑女的腰帶，老闆還說是奧運限定款。

電腦剛買回來的時候，根本就等不及安裝網路線的工作人員來，那個時候還是國中生的我自己看著說明書就把電腦給組裝起來了，熬夜玩了一整夜的踩地雷！

第二天工作人員來連上網，又是三天的通宵，至於玩了什麼遊戲，我早已沒了印象。也不知道是出於對當初電腦的懷念，還是桌上型電腦性能就是好，如今出門在外的我還是傾向於用桌上型電腦去完成任務。

如果沒有特殊需要，我一個學期打開筆電的次數不超過十次，其中六到八次是為了寫作業，每次打開電腦就好像是種負擔，沒操作一會兒就腰酸背痛眼疲勞，眼藥水也漸漸成了日常必需品。

國中的時候路過 KTV，忍不住往裡面瞄了幾眼，想要一探究竟。心想以後要是能在這裡面吼一吼嗓子該多好。而此刻，我正和一幫朋友坐在某個 KTV 的包廂，唱著並不熟悉的歌，聊著並不感興趣的話題，喝著令人作嘔的白酒。

成長或許就是把曾經的奢望變成日常，少了當初的期待，沒了當初的熱情，只剩下一副空皮囊，為了生計被迫去做。不覺得可惜，只是越長大，越羨慕當初的自己。羨慕當初那個因為一根香蕉、一碗泡麵就能高興一天的自己，懷念當初那個凡事都幹勁十足的自己。

小時候，夢想很簡單，實現也不難；長大後，理想也很簡單，實現卻不易。成長的列車繼續向前開著，停下來想想，如今的自己還是有著不少的憧憬，只願未來的我在將如今的憧憬變成日常時，別喪失了如今的熱情就好。

3.3 別害怕被打臉，成長就是一個被打臉的過程

成長就是一遍遍地推翻自己曾經的誓言，顛覆一個個曾經堅持的真理，在現實的浪潮裡翻騰，帶著迷茫，夾雜著惶恐不安，形成一個個更完善的價值觀、更清晰的世界觀。

3.3.1 成長就是一遍遍推翻曾經的誓言

今年的夏天，零星幾場暴雨根本阻擋不了烈日的「烘烤」，午後的室外簡直就是一個大型烤箱，出去待上十分鐘就已是滿頭大汗。

懶得出去，宅在家三天，不想看劇，不想打字，不想睡覺，看著凌亂的房間，準備打掃。偶然翻到國中紀念冊，那時候畢業流行買一個精美的本子，請所有同學和好朋友按要求寫點東西，其中一項是夢想。

六年前的我們夢想成為醫生、警察、設計師，或者是擁有屬於自己的公司，也有人幻想中樂透五百萬元，渴望世界旅行。

如今看來，除了某位標新立異的男生幻想不上學，成功地在高二翻牆上網吧被開除外，從IG的動態來看，好像沒人真的實現了夢想，或許他們正走在實現夢想的路上。

紀念冊第一頁是她寫的，曾經幻想結婚的前任，曾經發誓要永遠在一起的前任，如今連一個聯絡方式都沒有。兒時的宣誓，兒時的幻想，終歸被現實猛抽了一巴掌。

高中和大學時期的我們，一段愛情的開始往往要配上一個幸福的承諾，一方總想要給另一方全世界，等畢業了買海邊的別墅、開名牌車。過不了兩年我們都會被現實來上一掌。不是現實太粗暴，只是當初的夢想太大，幻想太多卻忘了行動。

成長就是一遍遍地推翻自己曾經的誓言，顛覆一個個曾經堅持的真理，在現實的

浪潮裡翻騰，帶著迷茫，夾雜著惶恐不安，形成一個個更完善的價值觀、更清晰的世界觀。

寫到這裡，我突然想起來曾經很熱門的一個節目「變形計」，裡面有一位主角，他叫王境澤，是個都市人，被安排到一個農村家庭生活，當時的抵觸情緒很大。上一集還對著鏡頭發誓：「我王境澤就是餓死也不會吃你們一點東西」，下一集就看到王同學手捧一碗麵條蹲在地上，一臉幸福模樣的感慨——「真香」！上一秒信誓旦旦地怒吼，下一秒就被實實在在的飢餓感抽了一記響亮的耳光。

小時候我極其討厭胡蘿蔔，發誓這輩子吃胡蘿蔔名字就倒著寫。現在出去吃火鍋，胡蘿蔔成了必點的配菜，原來胡蘿蔔換種做法竟如此合胃口。

心理學上強調人的主觀作用，有一段小影片，講一個男孩害怕水，緊緊地握著漂浮物不肯鬆手，站在一旁的母親強行把小男孩的手鬆開，男孩撲騰了兩下站了起來，原來水深還不到小男孩的腰部。

我小時候發誓不再吃胡蘿蔔，小男孩拒絕鬆開漂浮物，很多時候我們的拒絕只不過源於無知。

人這一生或許就是一個被打臉的過程，不是正在被打臉就是走在被打臉的路上。打臉是對過去錯誤的覺醒，是尷尬，更是成長，被打臉後的我們對這個世界的認知變得更

加清晰。

3.3.2 你我所有偷過的懶，都將會變成打臉的巴掌

表弟論智商足夠高，小學、國中成績名列前茅，到了高中還指望吃老本，成績卻一落千丈。學測的分數也是差強人意，他原本考完試在家各種吹牛，現在對要求爸媽買的畢業禮物、幻想的旅遊隻字不提。

努力不一定真的有收穫，但是不努力卻只能收穫失敗。高中三年偷的懶在學測分數出來的那一刻徹徹底底打醒了表弟，他默默去學校申請了重讀，現在正老老實實地坐在教室裡埋頭苦學。

某位同學考試提前交卷，迎著眾人的目光，瀟灑地走出考場，得意洋洋半個月，等成績出來後他傻眼了。

現在的我們，是否有那麼一刻後悔自己曾經的懶惰？如果曾經的自己再努力一點，現在或許就是另外一種光景，往往到了最後被現實給敲醒。如果有如果，每個人都是偉人，但是真的有了如果，你願意為此奮鬥嗎？

3.3.3 別害怕被打臉

股票市場上一堆優秀推薦者時刻分析行情作出最新的判斷，難免會和自己之前的判斷發生衝突，一堆看熱鬧不嫌事大的網友便紛紛要揚起手抽推薦者的臉。而某些嘴硬強撐的推薦者，看著一檔股票被套牢也不願意承認曾經的決策失誤，他沒被網友打臉，也沒改變曾經的判斷，但現實卻給了他們更大的巴掌。

人生最大的遺憾莫過於對錯誤的堅持，浪費了寶貴的精力，更浪費了大把的時間。審時度勢，分析現狀及時作出調整才是最好的選擇。堅持是好事，是對一件事的不放棄，願意為此付出行動，克服重重困難，實現最終目的；而固執則是一種偏激，明知道觀點或者堅持的方向有了偏差，卻為了曾經的承諾不願意正視現實。

人往往會在某種處境下，因為一時的激情作出某種決定。可是隨著時間和境遇的變化，人會改變當初的決定。

被打臉是對自我的否定，否定過去的某種觀念、某種做法，否定迷茫，否定軟弱。當迷茫消散，當軟弱褪去，一個更加成熟穩重的自己破殼而出。

主持人柴靜說：「人的成長過程其實就是一個不斷犯錯，不斷推翻，然後重建的過程。」別害怕被打臉，成長就是一個被打臉的過程。

所以，別害怕被打臉，當你被打次數足夠多時，你已經蛻變成另外一個自己了。

3.4 聽說你準備回家了

留在大城市或者回家沒有優劣，只是每個人的追求不同、選擇不同，僅此而已。你有在大城市的燈紅酒綠，我也有在小城市的安穩恬靜。

3.4.1 回家或留下

在大城市漂泊久了難免想要放棄，想回家，想回到壓力較小的小城市。

晚上宿舍的人躺下來討論畢業後大家都想做什麼，有人說想要去北部創業，幹一番大事業；有人說就想留下來，因為自己已經習慣了這裡，大學時期認識的人都在這裡，不願意再去一個陌生的環境重新開始；還有小Z，他說他想回家，大家有點愕然，問他為什麼，小Z說想回去陪爺爺，爺爺一個人沒人照顧。小Z是個孤兒，從小由爺爺帶大的，作出這樣的選擇我們都能理解。

沒人勸小Z說幹嘛不留在大城市努力奮鬥，等有錢了把爺爺接到大城市。有時候，時間不會等你，子欲養而親不待，往往等到自己功成名就了，卻發現無人可以分享，所以回老家發展，陪在自己最親的人身邊也無可厚非。

我們常說「父母在，不遠遊」，我們也常說「男兒志在四方」。以前總覺得年輕人就該到大城市闖蕩，縱使失敗也要有百折不屈的精神，如今越長大，牽掛越多，責任也越多，我們沒辦法只顧自己，因為要考慮的東西太多。

留在大城市或者回家沒有優劣，只是每個人的追求不同、選擇不同，僅此而已。你有你在大城市的燈紅酒綠，我也有我在小城市的安穩恬靜。

3.4.2 回家不意味著放棄夢想

小學時，我有兩個特別要好的朋友，那時候我們喜歡看《三劍客》，我們的小團體自然地被命名為「三劍客」。如今，三劍客中的一個已經沒了聯繫，另外一個也只能在IG偶爾看到他的動態，我忍不住感歎，卻又無可奈何。

前段時間看三劍客之一的小T發了一篇長文，文章是他寫給前女友的，其中有一段關於自己人生規劃的描寫。那個曾經準備一起仗劍走天涯的朋友也不願再折騰，想回家鄉考個公務員，陪著父母簡簡單單地生活下去。

我傳 LINE 問他：「兄弟，準備回去了?」

「是啊，折騰不動了。」

「你這都還沒開始折騰呢，怎麼就折騰不動了?你這是為情所傷啊。」

「也不是，我覺得我不適合大城市，我的家鄉其實也不錯，我想回去考個公務員或者

開一家小店，一點一點做起來。」

他洋洋灑灑地給我說了好大一段自己創業的想法，在創業大人物的眼裡，這樣的想法盡顯稚嫩，但想必也是小T考慮良久的。

我說：「只要你想好了，兄弟我當然支持你。」

回家，不意味著放棄追求夢想，不過是換個地方開始新的征程，也不意味著逃避廝殺，不過是選擇換一個地方，換一種活法。

說到這裡，還得講講三劍客中第三位的父母，當初叔叔阿姨兩人畢業於頂尖的農業大學，在當時能上大學就是高知識分子，留在大城市謀一份相對體面的工作完全不是問題。但兩人選擇了回家，回到偏僻貧窮的家鄉。。

就在這樣的環境下，他們在自己家後院開始養豬，因為有專業的養殖知識，母豬生產率以及幼崽的存活率比普通農村養豬的家庭高出一截，很快他們就擴大了養殖規模。他們也曾經遭受過打擊，傳染病肆虐，幾百頭豬死了一大半，但這些都沒能擊垮叔叔阿姨。

接著培育剩下的幾十頭豬，東山再起。過程我們不知道，但肯定困難重重。公司慢慢步入正軌，越做越大，他們也成為我們當地的傳說。

所以啊，回小城市並不意味著放棄夢想，帶著夢想回小城市的人更加值得我們尊敬。大城市、小城市都有發展的機會，結合自身情況，綜合考慮才是關鍵。

3.4.3 適者生存

朋友，聽說你準備回家了，千萬別難過，更別傷心。

大城市有大城市的好，有它獨有的魅力，有更多的創業機會、更繁華的商業街、更多的就業選擇，也有更多的休閒娛樂項目。在大城市，相對來講，智商比情商更重要，對於成功才華所占的比例更大，只要你能力足夠強大，你可以展翅翱翔，盡情發揮自己的才能。

但是小城市也有小城市的多姿。況且，我每次暑假回家都能感受到家鄉的巨大變化，可謂是日新月異！突然間一排排高樓拔地而起，街上名牌車也多了起來，小城市早已不是曾經意義上的小城市。在這裡，同樣有著無限的商機，同樣能為追夢的我們提供不小的平台。

但比起大城市，小城市相對不公平，人情買賣更為普遍。看病找熟人，上學找熟人，給人的感覺就是只要你有人脈，就真的好辦事。

有人脈固然是好事，畢竟父母辛苦了一輩子，能幫到孩子也是他們的願望，如果沒有也無須一籌莫展，一個人多跑跑業務，拓寬自己的人脈，做好自己的本職工作。**沒辦**

法成為富二代，就努力讓自己成為富一代。

我們不能苛責小城市太看重人情，每個地方有每個地方的生存法則，不管到哪裡，只有學會適應，一步一步踏踏實實走下來，才能取得更好的發展。你選擇逃離大城市的高房價、高物價，就必然要承受來自小城市的關係網壓力。

3.4.4 帶著夢想回家

如果你要問我到底是該回家還是繼續在大城市摸爬滾打，我不能給你標準的答案，每個人的情況不同，我給你一個所謂的標準答案可能會害了你。

比起大城市，小城市的物價更低，房價也可以接受，至少讓我們看到了希望，工作幾年我們就可以擁有屬於自己的小房子。在小城市，壓力會相對減小，留給我們感受生活的時間也更多，留給我們陪伴家人的時間也更多，凡事有失有得，權衡利弊，追隨自己的本心就好。

比起大城市，小城市的交通更加便利，我們每天花費在交通上的時間都可以節省很多，我們把這段時間省下來做自己喜歡的事，見喜歡見的人，參加喜歡的活動，這些也是非常棒的經歷。

朋友，不管你去大城市還是選擇回小城市，都希望這是你經過深思熟慮後的選擇。

如果有機會的話，我希望你無論在大城市還是小城市都嘗試一番。很多時候沒有經歷就沒有發言權，只有你自己知道自己適合在哪裡。但是不管在哪裡，想要取得成功都需要奮鬥，不管在哪裡，都別忘了提升自己的能力。

如果你選擇留在大城市，希望你能頂住壓力，一個人在外照顧好自己。選擇回家的朋友，也希望你帶著夢想回家，不是為了逃避，而是為了選擇在另外一個城市開啟新的征程。

3.5 為什麼非要見了棺材才掉淚

別等到見了棺材才想起來落淚。未雨綢繆，臥薪嘗膽，及早調整方向，作出合理的規劃，設定清晰的目標，並為之奮鬥，做到身心合一，學會自我管理。

3.5.1 青春趁年華

古語云：不見棺材不落淚。很多時候，我們明知道結果多半不盡如人意，卻不願意相信，找各種理由麻痹自己、搪塞自己，幻想奇蹟發生，而事實往往證明我們不過是白白浪費了不少光陰。

直到撞了牆，才肯承認當初的錯誤；直到犯下大錯，才開始懊惱悔恨。理性的朋友會嘗試反思，感性的朋友卻不忘了用一句「青春就是用來折騰的」聊以自慰。

趁大好年華，我們在青春裡遨遊、放肆，在犯錯中成長，在失敗中覺醒。青春就是用來折騰的，但是有些東西根本沒必要你我撞得頭破血流，親身實踐後才恍然大悟，追悔莫及。「不聽老人言，吃虧在眼前」，這話不全對，但卻提醒我們借助前車之鑒，避免踏入雷池。有些錯誤的代價，我們承擔不起。

3.5.2 承擔不起的代價

我從小就喜歡吃各種零食，早餐的時間也總被無數個懶覺「霸占」，每次不到中午，肚子已經開始咕嚕嚕地叫，餓了就去買點東西墊肚子。我最愛吃辣，偷偷摸摸買了不少辣的零食，每次辣得滿頭大汗還不忘繼續往嘴裡塞。為此不知道被老爸老媽教訓了多少次，也不知道因為吃辣導致胃痛了多少次，慢性疾病如溫水煮青蛙一般，等到自己難以承受了，才發現為時已晚。

國三的時候，我開始胃痙攣，只覺得小肚子如刀割般疼痛，腸胃扭曲纏繞，只想蹲在地上。偶爾疼痛劇烈，捂著肚子滿地打滾。吃兩包藥後便又不再在乎，依舊如故。我拖拖拉拉，也沒有好好治病，終於在高二那年全面爆發了，胃痛的頻率開始加快，疼痛的程度也加大了，每次發作，豆大的汗珠都會順著臉頰滑落。我去醫院檢查，被告知胃黏膜嚴重性糜爛並伴有出血現象，也因此不得不從緊張的高中學習中抽離出來，休學在家調養了整整一年。

你媽喊你回家吃飯，你媽讓你穿外套，你媽讓你照顧好自己，你就多聽多做。嫌穿棉褲臃腫，穿著薄薄的牛仔褲出去一圈，回來凍得發抖，日積月累突然發現，每到天陰下雨就痛，這個時候留給你的也就只有追悔莫及。

3.5.3 不要盡力而為，你得竭盡全力

竭盡全力和盡力而為，不知道有多少人對這兩個名詞有著明確的區分。我曾經看過一本書，覺得可以很好地詮釋這兩個成語。竭盡全力可以發揮我們的潛力，而盡力而為只是發揮了我們的本能；竭盡全力可以超越我們，而盡力而為只會讓我們維持現狀，保持平庸。

相信大多數朋友小時候還在為究竟是上成大還是上臺大而糾結苦惱，如今看著自己那點可憐兮兮的學測分數，只覺得羞愧無奈，甚至覺得可笑。

Dcard 上多少學長吐槽工作難找，又有多少學姐感歎房價太高，畢業就是失業，每個月的薪水除去房租、交通費後所剩無幾。可同樣面臨畢業的學長小D卻根本沒有這樣

的煩惱。D學長合理規劃生活，考了不少證照，比同齡人更熟練地掌握了專業的知識，沒畢業他已經拿到了某公司的offer（錄用通知）。用他自己的話說，這是他應得的，是他用四年辛苦付出換來的。

老師告訴我們：要好好學習，要踏實，要認真。我們總把那些話當耳邊風。我們拚了命地想去尋找一些捷徑，想要偷懶，老師稍不留意，我們便偷偷鑽在桌子底下吃零食、玩手機，做各種小動作。

或許我們可以躲開老師的監督，但是每一次的模擬考試、期末考試，就會完完全全暴露我們平時努力的不足。學測則是最明顯的分水嶺，有的人成功考上了自己理想的大學，有的人則看著自己的分數懊悔。

後悔自己當初為什麼不能多努力點，為什麼不能多踏實一點，靜下心來好好看一看書，為什麼……可是，哪來那麼多為什麼。如今的我們已經撞了南牆，還有後悔的機會嗎？我不知道。或許會有，畢竟我們還可以重讀；但或許又沒有，畢竟重讀意味著我們將要多花費一年的時間，而這個時間成本我不知道我們有多少人可以承擔得起。

別等到見了棺材才想起來落淚。未雨綢繆，臥薪嚐膽，及早調整方向，作出合理的規劃，設定清晰的目標，並為之奮鬥，做到身心合一，學會自我管理。

3.5.4 避免「沉沒成本」陷阱

很多時候我們做不到及時止損，尤其是在愛情中。有一檔綜藝節目，每期請幾位嘉賓訴說自己的苦惱。裡面有一位女嘉賓，她的男朋友喜歡看網路直播，他喜歡的直播主是位妙齡女郎。他每個月薪水兩萬五千元，卻要花費一萬元甚至一萬五千元給女直播主打賞，美其名曰他倆的價值觀更吻合，他欣賞那個女直播主。當主持人問她的男朋友，你每個月只有兩萬五千元的薪水，怎樣在物價高昂的臺北生活？他才說是借住在他所認為的蠢到家的女朋友家裡。

說白了，女嘉賓就是養了一個小白臉，而這個小白臉還感情出軌。所有的嘉賓以及現場的觀眾都勸這個女嘉賓離開渣男，包括她的閨蜜也這麼勸她，但是女嘉賓卻捨不得，她認為她和男朋友是有感情的。

但事實呢？情人節的時候，男朋友送女嘉賓三十元的貼圖，可是他還在當天買了兩千五百元的禮物給那女直播主。男朋友口口聲聲地說他不愛那個女直播主，只是欣賞，他愛的是他的女朋友，可他的行為卻打了他的臉。

那麼，到底是什麼原因導致一些人執迷不誤？經濟學老師曾經講過兩個概念，或許可以解答這樣的疑惑。沉沒成本，我們對待一件事情的付出就是沉沒成本。時間、金錢，甚至是你的精力都是沉沒成本，猶如潑出去的水，一旦付出就無法挽回。理性上來

講，我們都應該減少沉沒成本對我們選擇造成的干擾，我們總是想起曾經的付出就不願意放棄，儘管內心知道已經不可挽回卻遲遲不肯承認。

伴隨沉沒成本的還有機會成本，這也就是我們大多數人即使錯了仍不肯回頭的主要原因。再加之每個人對沉沒成本的理解不同，有人認為曾經的付出如潑出去的水，而有的朋友卻認為還有餘地，還有希望，在他們眼裡曾經的付出是有回報的，只是還沒到時間。

想要減少沉沒成本對我們的影響，除了豐富自己的知識、完善自己的認知體系以外，系統地、理性地看待事情的發展，多一點理性少一點感性，才是根本途徑。

3.6 成果＞速度

很多時候我們錯把敷衍、應付美其名曰效率高，同一分價錢一分貨一個道理，好的成果、令人滿意的結果也是需要我們花費更多的時間和精力才能夠取得的。

3.6.1 我們在焦慮什麼

焦慮，迷茫，成了現代年輕人的標籤，我們到底在焦慮什麼？到底在迷茫什麼？害怕成績不合格，害怕老闆給的任務沒能按時完成，害怕過不上自己想要的生活，害怕被身邊的人比下去。

我們都知道無論做什麼事，效率越高產生的效益也就越大。從小我們就被灌輸了「快」、「早」的概念，出名要趁早，上學也要趁早，甚至結婚都要趁早。如今十五六歲就已經開始準備學測的少年激增，人們都害怕被落下，從成績一直比到年齡。

我還有一個表弟今年剛上三年級，一個九歲的孩子竟然已經有了五年的補習班經歷。他從四歲開始就接觸拉丁舞，因為同齡人都在學；一年級剛開始接觸文字的時候報了作文補習班，經過補習能寫出來三百個「字」，準確地說能寫一篇小作文了；現在三年級，週末的時間也被英語補習班和繪畫班「霸占」。

我好慶幸自己出生得早，那時候補習班還沒徹底風靡全臺。但仔細想想我們其實也和表弟他們差不多。看同學都開始考多益證書，我們也抓緊時間突擊；看到報考會計師證照的宣傳，我們又趕緊報名；聽到學長、學姐說考研究所的事情，我們自己也開始準備。

法國男星尚・雷諾（Jean Reno）——經典電影作品《終極追殺令》的男主角，年輕的時候根本無人問津，直到四十六歲才一舉成名，從此開始了人生新的篇章。此後他主演的《不可能的任務》、《冷血悍將》等經典影片，口碑、票房雙豐收。

雷諾大叔在接受採訪的時候說，自己的父親規定自己一天不能吃兩隻雞，意思就是貪多嚼不爛，品質比數量更重要，不能急於求成。

有目標自然是好事，想要多掌握一項技能也是值得鼓勵的，但是我們都想要速成，想要在最短的時間內快速成功，從來沒有踏踏實實地做一件事，認認真真地鑽研，結果看似我們有不少技能，也收穫了好幾個專業證書，但是各個領域都是淺嘗輒止，沒有任何核心競爭力，出去找工作的時候還是會碰了一鼻子的灰。

3.6.2 「一分價錢一分貨」

人們關於結果重要還是過程重要的辯論經久不衰，無論站在哪個隊，都有各自的論據，我也沒有可評判的標準。但如果你要問我到底是成果重要還是速度重要，我想說我支持前者，成果比速度更重要。

大學時某堂課的考試以小組論文的形式考核，我們小組三個人，我擔任組長，在簡單的交流溝通後大家各司其職，分工明確。為了保障論文的專業性，考慮到專業性資料不好獲取，再加上時間相對充裕，我就讓每個人把自己負責的部分研究得仔細一點。

第二天，小組中的一位同學就傳來了她所負責的章節內容研究，起初我很開心，畢竟小組的成員效率高是件好事，可當我打開她的檔案時，我的興奮就蕩然無存了，全篇看到的只有敷衍和應付。

概念性問題照搬我可以理解，可是很多需要做橫向對比乃至縱向對比的內容，檔案裡全都沒有，專業性的資料居然用的是教科書裡提供的十年前的老資料，而這樣的資料只要用心在網路上簡單搜索，找到近兩年的資料不是問題。再看檔案的格式，該首行縮進的沒有設置，小標題也亂用，基本就是把教科書章節的內容手工打了出來。

我把檔案退回去給她並說明了原因，她有點不高興，認為我是故意刁難她，抱怨說這是她昨晚熬夜趕出來的。我沒做太多辯解，甚至有些賭氣地說了一句：「那你就用你這份吧，三天後我們把各自做的部分融合起來。」

當晚她給我傳了訊息說「對不起」，說自己會利用剩下來的幾天時間把自己負責的部分重新做好。

很多時候，我們做一件事情就是需要一個成果，需要一個結果。對於上司，對於他人，沒有人需要知道你的過程，也沒有人特別強調你的速度，不是說你越快完成工作就越好，而是在你完成品質足夠高的前提下越快完成越好，千萬不要本末倒置了。

很多時候我們錯把敷衍、應付美其名曰效率高，同一分價錢一分貨一個道理，好的成果、令人滿意的結果也需要我們花費更多的時間和精力才能夠取得的。

比爾蓋茲曾經深有感慨地說：「這個世界不會在乎你的自尊，這個世界期望你先作

出成績，再去強調自己的感受。」

這個社會就是一個功利的社會，人們更加看重結果，那些說過程美好就可以的人，不過是失敗後的自我安慰罷了。

對待一件事情，我們要做的是竭盡全力，而不是盡力而為，更不是敷衍應付。盡力而為，我們所做的工作，所面對的學業或許可以應付下來，但絕不會產生質的改變；竭盡全力則會激發我們的潛力，創造出不一樣的成果。

你我都還年輕，迷茫很正常，焦慮也很正常，但是千萬別著急。飯要一口一口去吃，路要一步一步去走，靜下心來，踏踏實實，一步一個腳印，哪怕走了一點彎路，但只要目標堅定，早晚會到達終點的。

3.7 別找了，沒那麼多捷徑

捷徑，或許是一條最短的路，或許是一根獨木橋，大家都蜂擁而上，能順利通過的人少之又少。捷徑往往只適合某些人，並不適合我們大多數人，少數人得益後大肆宣傳，其實是對我們最大的不負責任，但最終的失敗還是由於我們急於求成的心態造成的。

3.7.1 捷徑的陷阱

現在社會人心浮躁，我們都希望透過最快的方法達到最理想的目標，總是喜歡速成，想要付出較少的時間得到較大的回報，拚了命地尋找捷徑，卻往往無疾而終。

我們都經常出門，或步行或叫車。以叫車為例，當我們告知司機地點後，司機會順口問一句：「走最近的一條路還是最快的一條路？」你可能會納悶，最近的路難道不是最快的路嗎？

其實還真不是，最近的路雖然路程短，但很可能是交通擁擠的路段，常常塞車，反而是繞了一圈所走的更遠的路，卻是最快到達目的地的一條路。

捷徑，或許是最短的一條路，或許是一根獨木橋，大家都蜂擁而上，能順利通過的人少之又少，捷徑往往只適合某些人，並不適合我們大多數人，少數人得益後的大肆宣傳，其實是對我們最大的不負責任，但最終的失敗還是由於我們急於求成的心態所造成的。

3.7.2 什麼才是真正的捷徑

不可否認，很多時候存在捷徑，但仔細想來所謂的捷徑更多是對規則深刻認識，總

結經驗後的實踐。

走捷徑如果從經濟學的角度來說，就是追求性價比最高化。性價比大家都知道是性能除以價格，同樣的性能，價格越低，性價比越高；同樣的價格，性能越好，性價比越高。同理，走捷徑，可以用效果除以付出來體現，同樣的效果，付出越少，捷徑程度越高；同樣的付出，效果越顯著，捷徑程度越高。可是這樣的類比能成立嗎？

將捷徑用經濟學來解釋，看似合理，實則忽略了大前提：性能和價格都有明確的標準來衡量，可是效果和付出卻難以衡量。每個人對於知識的吸收能力不同，喜歡的學習方法都不相同，追求的目標也都各有差異。

以大學生的期末考試來講，如果以六十分及格為目標的話，短時間內想要快速提高成績，考前重點複習老師的模擬題或者學霸們的重點總結，這可以稱為捷徑，畢竟從經驗來看，很多時候考試模擬題以及重點知識占試卷的比重已經超過了百分之六十。

但是如果想要獲得獎學金，實實在在地將知識化為己用的話，單靠突擊複習想必是不夠的。唯一的捷徑就是明白沒有捷徑後的刻苦學習。

小麗是我同學，學霸一枚，一直是我學習的榜樣。大二的時候她已經成功主持過多場大型晚會，也參加過多場大型的英語演講比賽。會跳舞，會畫畫，多才多藝，樣樣精通。在旁人看來，每年她都能輕輕鬆松地獲得獎學金，院裡面為了鼓勵大家學習舉辦了一場交流分享會，邀請她做演講。她的一句話讓我印象深刻：所有看似毫不費力的成功背後都是萬般刻苦的付出，與其花費大量的時間尋找捷徑，不如早早地認識到勤奮就是捷徑。

那些成功的背後需要多少個挑燈夜戰的複習，那些光鮮亮麗的背後是多少次失敗的練習。我們都習慣性地只看成功，不願意多往深處發掘，多看看別人的付出，多想想到底什麼才是真正的捷徑。

追求財富的路上我們對於捷徑的追求可謂更加瘋狂，人人都希望天上掉餡餅正好砸到自己的身上，堅持不懈地買樂透，渴望著一夜暴富。我不反對買樂透，小賭怡情，大賭傷身，如果單單指望樂透改變自己命運的話，就實在太可悲了。當然，的確有一些人因為中了樂透改變了自己的人生，但這畢竟是特例，成功機率極小，難道你願意把你的人生押在如此小機率的事件上嗎？

3.7.3 捷徑就是認識到人生沒有捷徑後的踏實付出

二十年前股票大好的時候我懷著大撈一筆的想法，大踏步地進軍股市，經歷了日賺千元的狂喜，也經歷了一天損失數千元的痛心。心情完全跟著股市起伏，根本沒有心情做其他事情。炒股對於我、對於大部分大學生來說如同賭博，沒有專業知識的支撐，連

基本的K線圖都不懂，把輸贏完全交給命運。我是幸運的，最終基本上沒有虧損，但這次搭雲霄飛車般的經歷讓我再次明白一個道理：一夜暴富存在，但跟我無關；這個世界上有捷徑，但根本不適合我，不適合普通大眾。

我開始嘗試從小的兼職做起，發傳單，每天只有兩百多元，但卻是實實在在的收入；送快遞，一個快遞只有五元的服務費，但多勞多得，賺得心安，賺得踏實。

捷徑就是認識到人生沒有捷徑後的踏實付出。

《婚姻保衛戰》裡的嘉賓曾說過：「人啊，不能老想著走捷徑，你以為抄了個近道，弄不好是個岔道，一不小心就誤入歧途了。天上掉的餡餅也不能要，都是老天爺不愛吃才扔下來的，說不定藏著讓你牙齒斷掉的小石子呢。」

所以啊，很多輕易獲得的東西不一定是好東西，只有擁有自己的判斷，用自己的努力一點一點累積起來的實力才是真正屬於自己的捷徑。

這麼多年來給我最大的感受就是除了我們辛苦付出以外，最好的捷徑就是選擇了正確的方向，不走彎路就是最好的捷徑。

沒有判斷、沒有底線地追求捷徑，人仰馬翻的例子數不勝數，飯店為了多賺錢用地溝油，終究會被食客察覺；開發商為了縮減開支偷工減料，輕則建築品質不達標，重則付出生命的代價。很多捷徑看似很美好，可以讓我們一時獲利，但後果我們都承受不起。幹各行各業都得講一個誠信，憑良心做事，大家都不傻，時間會幫我們證明一切。與其苦苦地尋找捷徑，不如踏踏實實地靜下心來多一點努力，多一點付出。還是那句話，你必須非常努力，才能看起來毫不費力！

3.8 父母在，不遠遊，遊必有方

王永彬在《圍爐夜話》裡寫道：「身無飢寒，父母不曾虧我。人無長進，我以何對父母。」二十個字，字字錐心，有種不可言語的心痛。

3.8.1 家的概念

我出生在一個小城市，因為上學來到大城市，這也是自己第一次跟父母分開。初到這裡，我感覺一切都特別美好，各種讓人垂涎三尺的美食，各類造型奇特的綜合性大商城，可是每當自己瀟灑揮霍的時候，總是不免想到家中為了生計苦命奔波的父母。「父母尚在苟且，你卻在炫耀詩和遠方。」這種罪惡感對我來說很強烈。

爸媽說了好久想來看我，都因為工作忙不好請假而未能成行。小時候，我總是想長大離開家，想要環遊世界，可如今還沒去過幾個地方，便開始懷念自己土生土長的家

鄉，不留戀山水，但卻思念那裡的人。家的概念在我理解永遠只是人的存在，而不是一棟房子。

有人問：「獨生子女最害怕什麼？」

有人答：「怕死，更怕離開父母，特別想要賺錢，因為父母只能依靠我一人。」

這話不知道砸在多少獨生子女的心裡。一直以來我總是在思考自己和父母的關係，有時候想告訴他們我是一個個體，想要獲得獨立，想要完全按照自己的意願去生活，但又怕傷了他們的心。

內疚的產生，源自付出與得到的失衡。父母對我們的愛越無私，我們所得到的也就越多，產生的內疚也會越多。想要減少內疚的存在，就得從付出著手，使兩者達到相對平衡的狀態。

3.8.2 我們都可以做些什麼來維持平衡

一、照顧好自己

小時候，我身體不好，有嚴重的胃病，每次寒暑假回家父母都要對我的體重心疼一番，老媽更甚，有時候我還看到她偷偷抹眼淚。

時間太可怕，我還不曾長大，父母已經老去。所以說，長大後的我們首先得學會照顧好自己，別讓父母擔心，別把健康當成玩笑。按時吃早餐，早起早睡，定期運動。我們在照顧好自己的前提下，才能夠照顧好他們，愛自己也是愛父母。

二、努力學習，努力工作

前段時間老媽公司安排去旅遊。我也不知道自己為什麼翅膀沒長硬卻總是操特別多的心。老是擔心老媽被騙，出發前我給老媽交代了各種注意事項，但總覺得有所疏漏，右眼皮跳得厲害。果不其然，就在結束旅程的前一天，老爸突然打電話告訴我老媽手機被偷了。

我有點無奈，但更責備自己沒能交代清楚。老媽總是大刺刺手機亂放，交代了好幾次還是沒能躲過此小劫，只能連忙安慰老媽別傷心，可知道她要因此事失眠一個晚上，就懊惱自己疏忽大意。

一個人在外，我偶爾兼職存了點小錢，當天直接給老媽買了一款新手機。那一刻，突然覺得自己有些許的輕鬆，走出對父母的愧疚原來可以透過自己的努力完成。

能在發生意外的時候及時彌補損失，減輕因此帶給父母的傷心；能在過節的時候買一些禮物，看著滿臉幸福的他們溫柔地責罵你亂花錢；能在家陪著她買菜時主動付款。

三、多傾聽父母的需求

父母隨著年齡的增加，有時候他們會不經意地耍起小孩子脾氣來。說起來挺搞笑，

我老爸就時不時地抱怨我總是在各種節日買禮物送我老媽，而不送他。當然，這話他不會當著我面說，都是我媽告訴我的。

父愛如山，父親不善言語，給我們的感覺總是一副「不在乎」的樣子。當你說不知道要送什麼禮物給他的時候，他總會擺擺手說自己什麼都不缺。但當你回家給他帶一個電動刮鬍刀，帶一瓶他愛喝的酒，他滿臉的幸福藏也藏不住。

記住父母的生日，常打電話回家，告訴他們你的生活，不需要報喜不報憂，反而你越是這樣父母越擔心，告訴他們你今天喝了小米粥，改天去看電影。別總是一句：別擔心，我過得很好。簡單地把自己的小生活分享給父母，也是對父母的愛。

3.8.3 給父母的建議

另外，我也想建議我們的父母們培養自己的興趣愛好，擁有自己的生活圈。

如果把比較黏父母的孩子叫作「媽寶」，那我老媽，甚至大部分獨生子女家庭的老媽都算是「孩寶」。我們就是她們生活的中心，一切都以我們為中心。

在這裡，我真的想呼籲「孩寶」媽媽們，培養自己的興趣愛好，晚上去散散步，找樓下的阿姨聊聊八卦，沒事的時候約幾個好友出去喝喝茶、聊聊天。

對了，喜歡養寵物的爸爸媽媽們養一隻小狗、小貓吧，做一個「鏟屎官」轉移一下自己的注意力。

另外，朋友，如果你也經常有過多的內疚，也會覺得羞愧自責，那麼努力做好自己吧。從心理學角度來講，如果善用內疚，反而會成就我們。

史丹佛大學商學院曾做過一個有關內疚感的調查。從調查結果來看，內疚感跟責任感有著密不可分的聯繫，內疚感越強的人會產生更強烈的責任感，而這種感覺會催人奮進，給人無限的動力。所以說，擁有適度的內疚感並享受內疚感帶給我們的壓力，這時內疚感反而是促進我們成長的一大利器。

或許這些就是目前我能找到的擺脫對他們的愧疚的最實際的方法，不是最好，但卻是最實際的辦法。總有一天，你我都可以帶著自己的父母一起炫耀著詩和遠方。父母在，不遠遊，遊必有方。身無飢寒，父母不曾虧我，唯常懷感恩之心，人無長進，我以何對父母。唯努力奮鬥拚一未來。願你我都成為更好的自己，願天下的父母都身體健康、開心常伴，願天下的父母都被溫柔以待。

第三章　關於成長

第四章　為人處世

4.1 包容別人的不包容

開始學著包容別人的不包容，不是軟弱，只是開始學會理解別人，更是對自己的寬容，不再拿別人的過錯來懲罰自己。更多時候，我們的不理解只需要換位思考就可以得到合理的解釋。

4.1.1 理解≠認同

我們常說要學會包容，但總是忍不住在某個點爆發。這幾天在駕訓班苦練，每天在烈日下暴晒，偶爾一陣風刮過也是一股熱浪襲來。這都不算什麼，最關鍵的是考駕照前總覺得自己智商尚可說得過去，如今被教練罵得感覺都不配活在這個世上。

臉皮薄一點的女生甚至會被教練罵哭，小敏就是其中一個。她下了車淚眼婆娑地直接蹲在角落，雙手捂著臉，努力地抑著哭聲，憋得肩膀一抖一抖地搐動。

一旁的同伴圍過去安慰，告訴她駕訓班都這樣，習慣就好。

小敏哭得話都說不好：「憑什麼，憑……什麼，學個車就得被教練罵，不會……不會好好說啊。」

一直以來我也納悶，為什麼大多數教練總是一副別人欠他錢的樣子，大多數學員都

4.1 包容別人的不包容

是第一次學車，沒有一點基礎，每天輪到自己練車的時間甚至不足二十分鐘。為什麼教練不能多給點鼓勵？

這話我沒敢問教練，我問了開車的父親，跟車打了一輩子交道的他或許能道出一點實情。

老爸問我：「讓你每年每月每天都重複教上千名學員同樣的內容，你不煩嗎？」

「可能會，但我應該不會罵人。」

「考駕照跟普通考試不一樣，考駕照僥倖通過以後就得上路，就得對自己的生命負責，扎實的訓練、嚴格的操作技能才是對他人的尊敬。普通考試則不同，偶爾的僥倖通過，你確實獲得了一陣的小確幸，無非是知識點掌握不牢固、不夠全面，以後可能會遇到坎坷，但不至於對生命構成威脅。」

雖然我還是不贊成教練的行為，但似乎又能夠理解他們的暴躁。常年的重複性機械操作讓其身心疲憊，再加之所處行業的特殊性讓他們不敢掉以輕心，或許他們也知道鼓勵更讓人感到溫暖，但嚴厲更容易出成績，於是，便不約而同地選擇了後者。

這或許就是一種包容，開始學著包容別人的不包容，不是軟弱，只是開始學會理解別人，更是對自己的寬容，不再拿別人的過錯來懲罰自己。更多時候，我們的不理解只需要換位思考就可以得到合理的解釋。

4.1.2 換位思考的妙用

如果你喜歡穿破洞褲，估計你會遇到下面這樣的場景：一次坐捷運，我隨便穿了一條破洞褲上了捷運，坐在我旁邊的是一對滿頭白髮的夫妻，老奶奶不停地朝我這邊看，戳了戳身邊的老爺子讓他看我的破洞褲，兩人不約而同地露出不悅的表情，時不時地撇撇嘴表達不滿，甚至隱約聽到老爺子嘟囔了一句：「現在的年輕人，真是搞不懂一天到晚想什麼，好好的褲子非要弄個洞。」

站在旁邊的應該是他們的女兒，聽到後瞪了倆老人一眼，尷尬地朝我看看表達歉意。

這樣的情況你是否也偶爾遇到，因為自己的某個裝扮、某個喜好，比如很多青少年朋友喜歡玩 Cosplay（注：Cosplay 是英文 Costume Play 的簡寫，日文コスプレ，指利用服裝、飾品、道具以及化妝來扮演動漫作品、遊戲中的角色），也會時不時遭到誤解。

面對這樣的不包容，如果我們理直氣壯地站起來反駁，多半沒用。時代不同，經歷不同，每個人的價值觀、審美觀都不同，你沒辦法在短時間內改變一個陌生人的價值觀，你更有沒辦法在短時間內讓兩個人達成妥協。

包容別人的不包容，只需要我們換位思考，站在他們的角度去思考。如果你曾經生活在人人缺衣少食、食不果腹的年代裡，穿破洞褲在當時就是因為貧窮，談何時尚。

4.1.3 沉默也是一種表達

上大學時，我的胃病跟高中相比已經大有改善。但是偶爾胃痙攣起來，刀割般的疼痛能讓自己跪在地上打滾，我請室友幫忙請假，室友一臉壞笑，彷彿看穿了我的「小算盤」，說道：「不想上課就直說嘛，自己人嘛。」

我痛得實在不想反駁，看著室友自以為識破別人的伎倆得意地轉身離去。甚至有一次我向助教請假，助教隨口說了一句：「又請假啊。」又，又請假。我不知道該怎樣回應，低頭寫著假條。

忽然間，我感到一陣難以言喻的委屈和傷心，身體上的疼痛我可以忍，被人誤解的痛似一條鐵鞭狠狠地甩在心口。

我變得越來越自卑，不敢面對助教，不敢面對室友。我覺得他們會瞧不起我，甚至孤立我。但轉念一想，如果換作是我，我會怎樣做？

沒有經歷過的人，永遠不會明白事情帶來的是傷害還是欣喜。我試著要求自己不去過多評判別人的生活，卻也沒資格對別人報以同樣的奢求。

當我們面對誤解、面對誹謗的時候，先別急著反駁，靜下心來先聽聽他們到底在批

評你什麼，然後從自身出發查看是否確實存在這樣的問題。如果存在，仔細思考一下是否只因為價值觀的不同；如果不存在，也不需要你盛氣凌人地大聲反駁，凡事就事論事，不要喪失了理性，要學會總結反思。

遇到不包容，把那些埋怨的話都咽下吧，把委屈都拋棄吧，有時候，沉默才是一種最好的表達。我們每個人都不是聖人，難免有缺點。面對別人的指責，如果你確實存在這些問題，反而要感謝他們的直言不諱，讓你認知到不足；如果他們指責的問題子虛烏有，你又何必跟這樣的人多費口舌，過度苛責他們的不足呢？與其抱怨苛責，不如簡單回一個微笑，嘗試包容對方，事情過後，睡一覺第二天醒來，太陽依舊會透過紗窗照到你的大床上，告訴你新的一天又開始了。

4.2 為夢想喝彩，更為努力生存的人鼓掌

我們常常習慣了為擁有夢想並且實現夢想的人喝彩，卻鮮有人為了自己，為了這幫努力生存的人鼓掌。

4.2.1 周晴的夢想

前段時間大暴雨，外送員因為遲到一個半小時被顧客訓斥，顧客直接將飯菜扔到一邊。外送員拖著渾身濕透的衣服，拿起外送包一步一步向外走，從監視器裡消失，外面想必還是一場暴雨在等著他。

有一檔節目叫作「媽媽的牽掛」，每一期都暗中記錄一位普通人的生活，然後將影片放給他們的媽媽，在最後的時候安排母子（女）見面，皆大歡喜。

其中有一期的嘉賓叫周晴，他的工作是送花，由於市場競爭激烈，和我們印象中的普通送貨員不一樣，周晴送花時會裝扮成小丑的模樣，因為買花的多是送給女朋友或者是慶祝生日。周晴還需要準備兩三個簡單的小手藝，周晴會的是一個變花的小魔術，一學就會的那種。

為了不讓媽媽擔心，周晴沒有告訴父母真相。瞞著媽媽說自己是在當演員，扮演小丑。周晴是個樂天派，從小喜歡表演，少年時也得過一些小比賽的獎，他告訴媽媽自己是來大城市尋找表演夢的，媽媽每天在家裡都幻想著自己兒子在舞台上的風光。

當影片擺在周晴媽媽面前的時候，明星嘉賓推測周晴可能不是演員而是一位扮演成小丑的鮮花快遞員，媽媽立刻否認了嘉賓的猜測。

影片繼續播放，事實如明星嘉賓所猜測的那樣，周晴就是一個鮮花快遞員，沒有舞

台。每天陪伴他的只是一輛小三輪、一套小丑的裝扮，哪裡有客戶他就被派去哪裡。

影片錄製當天周晴的第一個客戶是一位男士，為了挽回女友訂了鮮花，附帶著讓周晴展示一下自己的手藝哄女友開心。周晴表演了自己的小魔術，女友並沒有回心轉意，客戶認為是周晴的才藝太爛，當場呵斥他，周晴有點不知所措，一個人孤零零地站著被客戶指責，好在客戶女友心善，做了調解，周晴的第一單生意就這樣在指責中完成。

第二單是送花給一個過生日的朋友，他被強行拉著喝酒，因為要騎車，周晴婉言謝絕，對方卻不依不饒，好在他靠自己的小魔術再外加一首生日祝福歌化解了尷尬，逃出了包廂。

第三單，夜幕已經降臨，周晴送鮮花給最後一個客戶，但到了約定的時間和地點，客戶並沒有出現，周晴一個人站在警衛室等了許久才等到客戶的回話。

結束的時候天已經黑透，偌大的城市，穿著小丑服的周晴一個人走在路上，這時候媽媽突然打來電話問周晴吃了沒。周晴趕緊收拾好心情，笑著回道：「吃了，吃的很好呢，蓋飯，你別擔心，媽……」

我沒忍住，哭了出來，這個世界就是如此不公平，有人一出生就含著金湯匙，而大多數人都如同周晴一樣為了生存竭盡所能。

可能有些人奮鬥了一輩子都夠不到別人的起點，但他們都沒有放棄。為了心中的一點執念，為了生存，一個人在陌生的城市裡漂泊著。任何一個大城市抑或小地方，像周晴這樣為了生存起早貪黑的人不在少數。

我們常常習慣了為擁有夢想並且實現夢想的人喝彩，卻鮮有人為自己、為這幫努力生存的人鼓掌。

4.2.2 馬斯洛需求理論

美國心理學家亞伯拉罕・馬斯洛於一九四三年在《人類激勵理論》一文中所提出的馬斯洛需求層次理論將人類需求從低到高按層次分為五種，分別是生理需求、安全需求、社交需求、尊重需求和自我實現需求。

理論很容易理解，講到我們只有從生理需求的控制下解放出來，才可能出現更高級的、社會化程度更高的需求，如安全需求。我們大多數人(包括周晴)都是為了生理需求和安全需求而頑強生活著，想要獲得一份薪水更優渥的工作，想要找一家可以為自己提供就業保險的公司，給自己一份保障。

累的時候常感歎生活不易，生存下來好難好難，但又覺得生活是那般美好，有愛我們的父母，有兄弟，有姐妹，有喜歡的音樂和電影，在平凡的生活裡我們拚命尋找著幸福，尋找著一絲絲的存在感。

為夢想喝彩，更為努力生活的人鼓掌。朋友，不管任何時候，家裡都有人在牽掛著我們，一個人在外面，照顧好自己，願你我都可以生存下去，生活下去！

如果可以，下一次遇到清潔工，給他們一瓶水；如果可以，下一次遇到給自己送外送員或者快遞員，少一點刁難，多一些理解，說一句謝謝。加油，每一個為了生活奔波的朋友，祝好。

4.3 師父領進門，修行在個人

一個人的成功過程就像是一部電影，我們自然是這部電影的主角，但是想要這部電影更加精彩，靠的就不僅僅是主角的精彩表演，還有許許多多幕後人員的辛苦付出，這裡面就包括我們的老師。

4.3.1 老師到底厲害在哪裡

從出生起，老師這個角色就伴隨著我們成長，在沒有上幼稚園之前，我們的父母就是我們的啟蒙老師；長大後，我們開始接受傳統意義上的教育；等到進入社會，那些業內的大人物，那些曾經提點過我們的人們，都是我們的導師，甚至有的時候我們自己也成了別人口中的老師。

小時候我們都害怕老師，認為老師總是喜歡打人，甚至覺得打學生是老師們的主業，教書不過是他們為打學生披著的外衣。長大以後，我開始思考老師到底是一個怎樣的存在。

有時候，我會猛然感歎我們的老師遠比我們想像中更厲害，不是說我們的老師有著多高的社會地位，抑或是有著如何令人豔羨的財富。老師不過是一個教書匠，舞台就是課堂上你我見到的三尺講台。

那麼，老師比你想的更厲害到底厲害在哪裡？

在知識上我們的老師就已經遠在我們之上。能擔任老師一定有著他們的過人之處，我們也一定可以從他們身上汲取到我們所需的營養。我們的老師在某些方面肯定存在不足，但在學術方面我覺得我們完全可以信任他們。

一個人的成功過程就像是一部電影，我們自然是這部電影的主角，但是想要這部電影更加精彩，靠的就不僅僅是主角的精彩表演，還有許許多多幕後人員的辛苦付出，這裡面就包括我們的老師。

4.3.2 不要用聖人的標準要求老師

我不是一個聽話的乖孩子，上小學的時候我因為跟老師頂嘴而被叫家長來學校，那時候年紀小，也不知道哪來的想法，就覺得敢跟老師頂嘴就是厲害，就會被同學高看一眼。如今想來只覺得幼稚可笑。

說到這裡一定有不少人已經忍不住要反駁，說自己曾經遇到的老師有多差勁，這個我也遇到過。我也遇見過老師打人成性，因為過失將一位同學的眼角打破，導致被學校勸退。

每個群體都良莠不齊，我們不能要求老師這樣一個龐大的群體中的每一個人都是聖人，都不可以犯錯，這樣的要求太過苛責，甚至是不公平。

老師也是人，走下講台，他們也有著自己的生活，可能你的老師和你一樣也喜歡打電動，可能你的老師就是一個書呆子，除了教書外就是在家看書。

老師也分好壞，但是捫心自問，從上學以來我們遇到的想必還是好老師更多。很多同學對好老師的定義不同，有人認為作業出的少就是好老師，有人認為上課紀律要求不嚴就是好老師，有人認為期末考試給高分的就是好老師，總之，只要能讓自己的學生生涯過得舒服的就是好老師。我不是說這樣的老師不好，只是想問問大家，關於他們講授的課程，你最後都收穫了什麼？

4.3.3 可怕又可敬的大魔王

我們有一堂的老師被公認是個大魔王，期末考試的被當率高達百分之七十，第一次上他的課心都是懸著的，但第一節課他就開誠布公地給我們制定規則，上課不許遲到、不許吃東西、不許用手機，期末考試沒有平時分，完全看考試成績，你考多少就是多少，考五十九分也絕對不會讓你及格通過。這樣的規則擺出來覺得有些可笑，作為學生，不遲到、不曠課，上課保持安靜，考試憑自己的本事獲取應得的分數，這不是理所當然的嗎？

老師說：「我是個認真的人，我們做老師的沒有幾個是追求功名利祿的，你們的成績跟我毫無關係，我可以給你及格，我也可以每節課照著 PPT 唸，期末考試的時候給你劃劃重點，讓你們輕鬆及格。」

「我的薪水不會因為你們的成績好壞有太多浮動，如果要追求功利，我們商學院的老師（筆者的科系是統計學）早已是各大企業的顧問，學校給我們的這點薪水都不夠那些企業老闆給的零頭，可是我們為什麼還要堅持留在學校，難道就是為了留下來和你們作對，和你們鬥智鬥勇？」

「老師不僅僅是教書，如果你們的知識體系完全來自於老師的話，那是很可悲的，我們是導演，師父領進門修行在個人，關鍵還是得靠你們自己，我教給你們知識，我用心

了，我問心無愧，我絕不會因為我和你們的觀點不同暴跳如雷。我雖然是老師，但我們在交流上是絕對平等的，我絕不會把我的觀點凌駕於你之上，你有你表達的權利，但你應該明白你自己想要什麼，你要學會對自己的人生負責。」

我們都被老師的話打動，說實話，這是我第一次對老師這個職業產生崇拜，產生敬畏。那些我們曾經討厭的、極度嚴格的老師其實才是真的用心教書，想要我們多學一點知識的老師。

孔子說「為尊者諱」，意思就是表面上要對老師恭恭敬敬的，老師有缺點你要裝作沒看見，甚至老師一些大的缺點你還要替老師遮掩，即使缺點再明顯，你也只能婉轉地指出來，這才是真正的尊敬。

我們無須做到這樣的尊敬，也不探討這樣的尊敬是否正確。只想你早點明白學習是學給自己的，按時上課，按時完成作業，認真聽講，認真做筆記。作為學生的我們就應該把學業放在首要的位置，努力學習，並擁有專業的知識。只有這樣，我們才能在畢業後瀟灑地說一句：「我的大學沒有虛度。」

4.3.4 大學千萬不要犯這幾個錯誤

如果你還是學生，如果你想讓自己的大學生涯變得更加多采多姿，那我就用我大學生涯失敗的經歷告訴你千萬別這樣度過。很多時候，避免走彎路也是一種捷徑。

一、**沒有堅持吃早餐**

上了大學沒有老媽的監督，上午沒課的時候一覺睡到自然醒，有課的時候也要拖拖拉拉到最後一刻，匆匆洗漱後奔向教室，等課間休息的時候再溜出來吃個麵包。不到半年，我那嚴重的胃病就讓我明白了不吃早餐的嚴重性，胃痙攣的時候能痛到滿地打滾。

身體健康是本錢，千萬不要仗著自己年輕，就肆意透支健康，別等到不可挽回的時候才追悔莫及。

二、**沒有堅持運動**

每天點外賣，一到週末就是啤酒烤串嗨起來，沒一年我就凸顯出了啤酒肚。室友每周定時打籃球，每天堅持跑步，如今他們已經是有腹肌的人了。

如果有時間，加入學校的社團，去操場跑起來吧，要相信，跑步帶給你的驚喜比你想像的還要多。

三、**沒有學會理財**

我們基本都是到了大學才開始每月掌管一筆「鉅款」。每個月最開心的日子就是父母給錢的日子，那一天注定去吃大餐，經常不到月底口袋就比臉還乾淨。偶爾生病去醫院

才發現口袋裡的錢連感冒藥都買不起。在有錢的時候一定要存下來一點以備不時之需。

下載一個記帳的軟體，或者養成做手帳的習慣，看看自己每個月的錢都花到了哪裡。節流的同時也可以嘗試開源，學校的就業輔導辦公室就有一堆小兼職提供給你，只要勤快，每周的零用錢還是可以賺到的。

學習成績好的朋友也可以做家教，知識真的就是力量，身邊朋友靠做家教賺的錢已經實現經濟獨立了，簡直太棒了！

四、沒有參加社團

剛進入大學的時候，你一定會被各種社團的宣傳所吸引。而我就傻，看了一些貼文就認為進社團就是浪費時間，無非就是交個社團費、隔一陣子組織個聚會，浪費時間還浪費金錢。

可能有些社團真的就是這樣，但是絕大多數的社團真的能讓你遇到很多志同道合的朋友。室友喜歡直排輪，報了個輪滑社，社團的成員晚上就在學校裡排成一條長龍瀟灑而過，聽說前幾天居然組織了用直排輪的方式滑一個馬拉松，他們做到了！

參加一個喜歡的社團，認識一幫喜歡的人，做一些喜歡的事情吧。

五、沒有明確的職業規劃

這個遺憾是在大二期末那年才有的。我們這個科系很多人畢業後大多會從事銀行、保險、證券類工作。總以為時間還長，跟家裡人閒聊時被問到自己有什麼規劃，隨口回一句：「考不上研究所，畢業了就去銀行應聘吧。」

姨父問我現在都準備了什麼，你還有一年的時間。一年？我今年才大二，還有兩年呢。我還以為姨父說錯了糾正他。

他問我：「你有過相關行業實習經驗嗎？」我搖頭。「那為什麼人家要你？你現在不趕緊準備，大三暑假進入相關行業實習，等你畢業拿什麼跟已經有過相關工作經驗的同齡人去競爭。」

這樣想來，真的只剩下一年了！**不管將來你從事什麼行業，都要對其有一個基本的瞭解，把一次看電影追劇的時間拿來查一下相關行業的職業要求吧，看看自己還有哪些不足，查漏補缺。**

六、沒有多讀書

最近為了給自己找點事做，開始嘗試寫文章。總是沒寫幾句便沒了靈感，看著那些可以做到日日更新的同伴們簡直羨慕不已，再看看人家的文筆，各種引經據典，有理有據！自己呢？除了寫點大白話把自己的感悟分享出來外，還真不知道能寫點什麼。

大學期間，想要成功就先從擺脫宿舍生活開始吧，別再懶洋洋地在宿舍裡追著各種美劇、韓劇，多去圖書館、自修室看看自己喜歡的書，書中自有黃金屋，書中自有

顏如玉。

七、沒有多考幾個證

同樣的大學四年，有的室友已經手握四六級證書、會計師證書、獎學金證書，我呢，一個啤酒肚。

考證書的時候，老同學說根本就沒用，浪費那錢幹嘛。室友考了，再加上本身口才不錯，他拿著證書真的主持了一家小商店的開業慶典，拿到了幾百元的酬勞。考電腦證書，老同學說你又不是程式設計師，學那幹嘛。有個同學考了，出去兼職的時候明確要求要此證書，雖然他也不知道到底有什麼用，但是應聘者裡只有他有，他是唯一一個被錄取的。

當然不是說你考的所有證書都會有用，但是當你有時間有能力完成這件事的時候，多考幾個證，技多不壓身，有些公司真的看重這些。

八、沒有考取駕照

沒車幹嘛要考駕照？等有錢了就請專業司機給我開車就行了啊。夏天晒成碳，冬天凍成冰，受那份罪幹嘛。等畢業了趁春秋天氣涼爽的時候再學，等買車了再學。

很多同學估計都這樣想，一開始我也不例外。大一暑假被逼著報考了駕訓班，跟我們一起學習的還有很多已經工作的叔叔、阿姨，常聽他們說羨慕我們這些學生，可以有大把的時間集中練車。他們只能白天工作，晚上來練車，有的甚至公司不給批假，又急需一個駕照不得不辭職。

所以啊，趁現在還有寒暑假，趕緊把駕照給拿下，別等到急需的時候又沒時間考了，大三暑假考研究所的都要集中複習，不考研究所的也要開始實習找工作，你我的時間真的沒那麼充裕了。

以上就是我用我失敗的經歷換來的教訓，**如果有如果，每個人都是偉人，但是當下已經是我們未來人生中最年輕的一天。過去的就讓它過去，從現在起，抓住時間的尾巴，別等到失去再後悔莫及。**

有很多經驗不需要你我撞個頭破血流，用親身經歷去證明它是錯的！多聽取一些過來人的建議，少走一點彎路，願你我成為更好的自己，再次向曾經給予過我們幫助指點的老師們致以深深的謝意。

4.4 你那麼功利，活該你處處碰壁

你可以容許這個社會的功利，但千萬別深陷功利的惡性循環，錯把功利當作個性，當作處世之道。生活真的不只是眼前的苟且，還有詩和遠方的田野，如若可以，拋掉一

點功利，俯身用心耕耘內心的那份寧靜。

4.4.1 不要和三觀不同的人爭辯

咪蒙出版的新書名為《我喜歡這個功利的世界》，書中同名文章的轉發量輕鬆突破十萬，功利社會成了很多人追捧和理想的社會。可是多讀幾遍咪蒙的文章就不難發現，所謂的功利社會根本不是強調功利，而是承認努力！

前天下午，我得空準備去看電影，到的比較早，便在樓下找家咖啡店打發時間。「在嗎？我看你的文章點擊率很高，我偶爾也寫，但是沒人關注。」一個寫作的愛好者發私信詢問，正好沒事，我便去看了看他的文章。本以為會有一次思想上的碰撞，沒想到後面的對話差點把我氣炸。

我簡單看了一下他的文章，每天記錄著流水帳或是三百字不到的人生感悟，這樣的文章編輯肯定看不上。你不是名人，沒幾個讀者關心你今天吃的是馬鈴薯絲還是馬鈴薯塊，你今天去了隔壁王大爺家下棋還是去了樓下馬阿姨家唱歌。怕傷了對方，於是我回道：「寫得很真實，但屬於個人生活的記錄，很難引起共鳴，被推薦的文章還是需要一定的格式要求。」

他似乎對自己存在的問題並不感興趣，直接問我：「我看你經常寫文，有什麼好處嗎？」

我愣了一下，眉毛不自覺地擠到一起，實在是沒懂對方想表達什麼，反問了一句：「什麼叫作好處？」

「我看你的文章上了熱門，是不是很賺錢啊？你現在一篇文章能有多少稿費？有出版社找你了嗎？」他倒是爽快，毫不避諱地列舉了一連串他眼中的好處。

如果他坐在我面前，一定能看到我一臉的懵：「沒有，就是喜歡寫，純屬個人的興趣。」我順著他的意思回答，想要儘快結束這段價值觀有著天壤之別的對話。

「那你還寫什麼啊？」從他的語氣裡可以看出他的吃驚，貌似沒有所謂好處的寫文就是浪費。

倘若這是以前的我，定會和他爭個高低，列出一條條我寫文的理由，舉出一個個寫文帶給我的好處。但現在不會，因為不值得。價值觀不同，和這樣的人爭辯簡直就是浪費時間，倒不如順著他的話儘快結束一段對話：「就是瞎寫，確實沒什麼意思。」

他很滿意我的答案：「就是說嘛，還不如不寫。」

對話結束，我不自覺地聳聳肩好想朝著他吼一句：「你那麼功利，活該你的文章不被推薦。」有很多人做一件事，衡量的只是利益的多少，所謂好處的大小，跟初心無關，跟興趣無關，用金錢衡量世間所有的付出，盆滿缽盈就是有意義，入不敷出就是無用。

倘若有一天，所有的事情都要用金錢來衡量，這個世界就太可怕了。

4.4.2 功利社會並不是認可你的功利

面對寫作，數次從被窩爬出，把轉瞬即逝的靈感記下，生怕一旦錯過就真的想不起來。為了提高寫作能力，閱讀大量的書籍做筆記摘抄，費時費力。你認為所有的興趣愛好沒了經濟利益的刺激都是虛度光陰，卻不知沉迷於此的精神滿足。

如今，很多人肯定功利社會的好處，觀點不外乎功利社會承認個人的努力。可是功利社會跟個人功利是兩回事。前者肯定的是個人的能力，不是你的功利！別錯把你的功利當成別人肯定的對象。一味功利地選擇任何一件事最終只是收穫甚微。

咪蒙在新書《我喜歡這個功利的社會》中提到她認識的所謂「傻瓜」編劇，大家只記得他的風光，卻忽略了他是一個在遊覽車上都能寫劇本的「死變態」，功利的社會規則極其透明，大家不認別的，只認你的作品。

大家認的是你的作品，不是你的功利！這是有區別的，看了幾篇吹捧功利主義的文章就覺得功利社會就是好，不用擔心其他，只需要做好自己。可是，我們多少人卻本末倒置，只知道功利地評判一切，卻忘了去努力。

4.4.3 不是所有的事情都可以用金錢衡量

再講一個身邊的故事，我的好朋友小軍，他和普通孩子一樣，學測前拚命寫題，或許是天資不夠，抑或是方法不對，他的成績一直保持在中等偏下的水準，學測的時候努力達到了均標。按平時來看，這樣的成績也算正常發揮，報一個普通的大學毫無壓力。可是他爸經過一番權衡後居然叫他放棄上大學，理由很簡單，上大學不划算。每年都有父母不讓孩子上大學的新聞，每次都當作笑話一笑而過，可當它真的發生在身邊的時候我才覺得一切遠比想像的恐怖。很多人說，他的父親說得很有道理啊，上大學四年除去學費外，如果自己找個工作，前後就是十萬元的差距，比大學出來的年輕人好多了。

是的，如果你只是以四年的經濟水準衡量，那大學四年可真是太虧了！如果你覺得你只值十萬元，那大學四年簡直就是對生命的褻瀆，你再也不用擔心不適應宿舍生活，再也不用為考試前臨時抱佛腳而廢寢忘食，為在及格邊緣遊走的考試成績心驚膽戰。你遊走於一個又一個的酒局，吹噓著自己的英明決策，卻永遠也體會不到象牙塔裡愛情的羞澀，領悟不到深夜一群室友在宿舍侃天侃地說著自己夢想的激情。

當年的同學群裡，大家一起吐槽監考老師的變態，怒罵沒有冷氣的宿舍。起初小軍會在群裡跟著大家一起討論，秀自己躺在冷氣房裡，引起大家一陣炮轟。到後來，小軍慢慢地時不時流露出絲絲羨慕，直到最後選擇了退群。有些人，有些路，一旦選擇不

同，這輩子就很難再有所交集。聽說小軍現在已經訂了婚，女方不是高中時被大家一直調侃的女神。也聽說他現在自己報了網課，堅持學習。

4.4.4 不要把自己的揮霍建立在別人的痛苦之上

功利除了把所有事情的價值與金錢等價、用金錢衡量一切外，還有一種功利更令人髮指，那就是不惜犧牲別人的利益，不擇手段達到自己的目標。

一個學妹一大早對我進行訊息轟炸，我忘記把手機關靜音，被提示音吵醒，眯著眼看螢幕。學妹說她自己努力讀書，辛苦提高考試成績，最終還是沒能到補助獎學金，而得到它的是一個全科飄過及格線、家庭條件很富裕的班長。學妹似乎覺得用文字發洩不夠盡興，大清早發語音訊息，我戴著耳機聽她發洩，最後她竟然哭出了聲。學妹家裡條件不好，兩萬元的補助獎學金是她學費的主要來源，雖然她拿到了學校一等獎學金近一萬元，但是一萬元的差距還是讓學妹忍不住哭泣。

學妹說班長跟教職員關係特別好，出門都是搭計程車，從不坐公車，衣服、鞋子都是高級品牌，動不動就上萬元，根本就不是低收入戶，就是因為他給教職員送了禮物。說著她又忍不住哭起來。

有沒有送禮我不知道，但身邊有多少家境還不錯的同學為了得到一萬多元的低收入戶補助爭著報名，不惜送禮。這些人最後有可能如願獲得了補助，得意地跟身邊的人炫耀，嘲笑他們不識大體，跟錢過不去。可這些人忘了，你正在揮霍的一萬多元有可能是另外一個真正貧困、沒有背景的孩子透過把一頓蓋飯換成一碗泡麵，一點一點省下來的。你的灑脫建立在別人的痛苦之上，而這些你都毫不在乎，因為你的功利心告訴你，你的利益已經達到了。

4.4.5 功利真的全是錯嗎

功利真的全是錯嗎？不好評判，甚至我們所有的行為都是功利的驅使。比如你渴了會選擇喝水，餓了選擇吃飯。三十元的冰棒和五百多元的大餐帶給人們的幸福感跟價格無關，只跟消費時的需求有關。商人追逐利益是功利的表現，有錯嗎？顯然沒有，但是如果商人為了追求利益壓榨員工，偷工減料就是有錯。功利一旦超越道德底線，就應該受到譴責。

國中的時候我寫過一篇文章《不要給公益塗抹上太多的商業色彩》，大致就是當時在使用某款香皂的時候看到包裝上寫著：每使用一款該產品就給貧困地區捐款一分錢。當時我覺得既然是公益就得是純公益，不能讓商業行為玷污了它的神聖，如今看來有點可笑。企業為了追求利潤最大化，「功利」地將公益作為新的行銷點，既實現了自己的目

的，也幫助了貧困的人群，何樂而不為呢？

你可以容許這個社會的功利，但千萬別深陷功利的惡性循環，錯把功利當作個性，當作處世之道。生活真的不只是眼前的苟且，還有詩和遠方的田野，如若可以，拋掉一點功利，俯身用心耕耘內心的那份寧靜。

人是社會的產物，在這個功利的世界裡，承認社會的美好，同時也要時刻警惕社會的危害。培養自己的愛好，做自己想做的事，無關金錢，無關富有，只是因為你想做，因為它能帶給你片刻歡愉。你越功利，世界對你越神祕，你想要的也離你越來越遠，停下來問問自己到底想要什麼。

4.5 控制好情緒才配論輸贏

人往往在情緒激動的時候忘記尋找真相，也往往在情緒波動的時候變得面目猙獰，等到冷靜下來才反思，才想起來尋找正確的解決之道。

4.5.1 不要拿別人的錯誤懲罰自己

作為人，我們會開心、難過，也會發怒、抱怨，情緒如同我們的影子一般及時地回饋出我們每一刻的真實想法。快節奏的生活，喧囂的都市，匆忙的步伐，一切都在與時間賽跑。越來越多的人功利地審視著整個社會，人心變得浮躁，情緒也跟著起伏，稍不注意就會讓自己陷入情緒的泥潭，甚至還會因此得罪他人，給自己帶來不必要的麻煩。

前段時間我和朋友一起做線上分享（網路課堂），這是純粹的分享活動，目的就是吸引更多的朋友參與。但是一場活動想要邀請到「重量級」的嘉賓是需要一定費用的，開始幾場都是我和朋友自己出錢，商量後決定增設付費管道。由原本的只需要將活動內容轉發到IG就可以免費參與，到現在的可以選擇付費三十元直接參與，不需要再轉發IG。初衷很簡單，規則也很簡單，想要免費參加，就轉發IG幫助我們宣傳；不想轉發，但是想要參與培訓，就選擇付費。

沒想到這樣的活動還是遇到了「酸民」，當我把報名條件發出去後，沒多久便收到了一連串的辱罵。

「這麼垃圾的活動還敢收費，想錢想瘋了吧……」

我看到這樣的回覆，怒火噌的一下湧上腦門，什麼「讀者」是上帝之類的統統拋在腦後，直接和那位網友對罵起來。和所有的網路罵戰相同，我們越罵言辭越激烈、越污穢，直到互相拉黑對方才結束了這場罵戰。

等到冷靜下來之後，我才開始反思為什麼他會這樣說我，除了他個人的素養問題以

外，我們的報名規則是否真的存在問題。

果然，當我仔細閱讀報名條件時，我發現我們沒有清晰地標明轉發IG就可以免費，而緊跟著後面就是要大家付費參與，這樣就導致部分朋友誤認為轉發後還要付費，想要參與培訓的朋友一看和當初的宣傳不一樣，就開啟了罵街的模式。

人往往在情緒激動的時候就會忘記尋找真相，也往往在情緒波動的時候變得面目猙獰，等到冷靜下來才會反思，才想起來尋找正確的解決之道。

「氣大傷身」，發怒不利於我們的健康，人發怒的時候會導致自身的消化系統紊亂，體內的腎上腺激素含量也會顯著增高，導致心跳加快，甚至會導致心絞痛、心肌梗塞，發怒根本就是在拿別人的錯誤懲罰自己。

4.5.2 接受自己的情緒

控制好情緒是不是就意味著沒有情緒？情緒來的時候就要及時地將它「掐死」？其實不是這樣的，情緒本身不受我們的意願控制，如同小孩子的啼哭一般，遇到一點事情說來就來，說去也就去了。

要想控制好情緒，首先要從接受自己的情緒開始，人們或多或少都有一點感性，沒有絕對的理性主義者，只有接受了自己的情緒，透過合理的途徑將它發洩出來，才能減輕它所帶來的傷害。

上司給的任務繁雜，又或者上司本身存在專業上的欠缺，導致他對你的提案大肆指責，你委屈，甚至生氣，這都是很正常的事情。但是你需要做的不是當場和上司爭對錯，嘗試深呼吸，冷靜下來，心平氣和地和上司針對相關問題做一個討論。如果雙方都在氣頭上，就要盡量避免正面衝突，事後可以透過發送郵件的方式闡述你的想法。

能控制好情緒的人不一定是情商高的人，但是情商高的人一定是擅長管理自己情緒的人。人都是不斷成長的，不是誰一生下來就可以有效地控制好自己的情緒。控制情緒和戰勝拖延症一樣，都是在和我們的本能反應對抗，需要我們在後天學習中不斷地摸索才能有所提高。

4.5.3　如何控制自己的情緒

那麼我們應該如何學會提高自己的情緒控制能力呢？不妨嘗試一下下面四個方法吧。

一、學會深呼吸

短期情緒指那些猛烈又短暫的情緒，來得快，去得也快。恐懼、緊張、生氣都是短期情緒。這樣的情緒，我們一般都可以透過深呼吸來緩解。

《武林外傳》裡面的郭芙蓉可謂是一個典型的暴脾氣，動不動就使出一招排山倒海，把別人打得落花流水。為此，呂秀才想了一個辦法，每當郭芙蓉情緒波動想要打人的時候就讓其默念：「世界如此美好，我卻如此暴躁，這樣不好，不好。」小時候，我常常被這段搞笑的台詞逗得大笑。但是，經過系統地瞭解後，我才發現這裡面有一定的科學依據。

當一個人情緒產生較大波動的時候，腎上腺素的分泌使得肌肉拉緊，血流速度加快，生理上做好了「攻擊」的準備。這時，隨著憤怒情緒的增加，注意力就轉移到了內心的感覺上，理性思考能力減少，某些生理功能也暫時被削弱。如果此刻可以深呼吸，或者在心裡默念十個數字就可以漸漸地喚醒自己理性的一面，減少過於感性所帶來的麻煩。

二、運動宣洩法

當你難受不開心的時候，不妨嘗試走出去，呼吸呼吸新鮮的空氣，透過跑步來轉移自己的注意力，讓自己的情緒得到充分宣洩。跑步的過程中你可以聽聽音樂，如果實在難受委屈，也不妨大吼幾聲。

沒必要把所有的情緒都積攢在心裡，大吼可以直接將自己的情緒徹底釋放出來，回家洗一個熱水澡，舒舒服服地睡上一覺，一切都會變得不一樣了。**控制情緒強調的是當**

事情發生的時候，可以避免自己因為過於感性導致事情朝著更糟糕的方向發展，當你跳出「事發地」的時候，透過及時地發洩，清空自己的負能量，這才是合理排解不良情緒的關鍵。

三、旁觀者角度思考

透過深呼吸和默念的方法讓自己在事發時保持冷靜，再加上運動宣洩法讓我們的情緒得到了充分的釋放，接下來我們就需要跳出事件本身，以旁觀者的角度去看待問題、解決問題。

有本書叫《決斷力》，是國際心理學暢銷書作家希斯（Heath Brothers）兄弟寫的。書中舉了英特爾公司 CEO 安迪・葛洛夫的例子，當葛洛夫遇到瓶頸的時候，便會嘗試讓自己跳出問題本身，假設自己是下一任 CEO，會怎樣去做？這樣葛洛夫就可以有效地迴避短期情緒對自己的干擾，以長遠的眼光去看待當前的困境。

所謂「當局者迷旁觀者清」就是這個道理。當你對一件事情毫無頭緒的時候，當你沉迷於某個情緒無法自拔的時候，幻想如果是你最好的朋友遇到你這樣的問題，你會如何勸他。相對於我們自己的判斷，朋友給我們的建議更加理性，可以有效避免過度情緒化帶給自己的影響，從而更有效地解決問題本身。

四、多讀書，多看報

你一定會被這個建議逗笑，怎麼控制情緒還要扯上多讀書、多看報呢？難道看了書、讀了報就可以合理地控制自己的情緒？你還別不信，答案是肯定的。

書中自有黃金屋，書中自有顏如玉。讀書可以讓你我的視野更加開闊，比起現實，在書中我們會見識到很多形形色色的人。讀書會讓我們逐漸變得包容，變得更加理性。

當你走在大街上，遇上幾個多嘴的大媽說現在的大學生多差勁，現在的青年多沒素養，你會叉著腰反擊，還是選擇淡然一笑？想必我們都會選擇後者，讀書讓你我在不知不覺中多了一份讀書人的「傲氣」，也在不知不覺中變得更加寬容，能夠更包容地看待整個社會。

如果你連情緒都控制不好，又如何談論輸贏呢？控制情緒是我們人生中的一門必修課，優秀的畢業生能夠很好地控制自己的情緒，讓自己在各種處境下快速地調整好自己的心情，更加積極地面對生活。而有的人則如同一隻刺蝟，時刻準備開戰，甚至潛意識裡覺得別人都是在針對自己。下一次，不妨試試這四個方法，及時地控制住自己的壞情緒吧。

4.5.4 測試看看你能否有效地控制自己的情緒

一、當上司批評你的時候，你會怎麼做？

A立即回擊　B默默忍受　C分析問題所在，理性看待

二、你是否會在發怒之前嘗試深呼吸？

A不會　B偶爾可以做到　C這是我控制情緒的法寶

三、你是不是一個淚點很低的人？

A是的　B一般　C我的淚點很高

四、緊張的時候你是否有辦法讓自己冷靜下來？

A沒有　B有時候可以　C可以

五、當父母冤枉你的時候，你會怎麼辦？

A激烈爭吵讓他們認識到錯誤

B.憋在自己的心裡

C.等合適的時間進行溝通

六、考試失敗的時候，你會怎樣？

A抱怨考試內容有問題　B沉浸在自責當中　C分析問題所在

七、面對同學或者同事請教，你是否可以耐心地進行教導？

A很不耐煩　B偶爾可以做到　C大多數情況下我可以做到

八、當你正在做一件事情的時候，突然被打擾了，你會如何？

A覺得非常生氣　B難免抱怨　C快速處理好並重新投入工作

九、不開心的時候，你會怎樣做？

A逮誰對誰發火　B睡上一覺　C給自己一個私人空間發洩

十、你是不是一個有安全感的人？

A完全不是　B有時候覺得是　C我有屬於自己的安全感

測試結果分析：

A：一分B：兩分C：三分

（一）一至十五分　情緒控制能力：一顆星

你比較情緒化，容易受到周邊事物和他人的影響，不能應對生活中的挫折，容易衝動，常常被日常的瑣事牽絆。你對待事情的態度處於兩個極端，過分隨大眾或是過分堅持自己的立場，不容許他人有質疑，一旦有人侵犯，你便會立即作出反應。其實，你比較缺乏信心，缺乏安全感。也常常因為沒能控制好情緒導致諸多麻煩，想要嘗試改變但又無濟於事。

(二)十六至二十四分　情緒控制能力：三顆星

多數情況下，你都可以有效地控制住自己的情緒，避免過度情緒化給自己帶來麻煩。你明白如何去遮罩掉那些會影響自己心情的負面因素，但情緒控制能力還有待提高，也偶爾會遇到自己不能處理的事情，來一場情緒大爆發。

(三)二十五至三十分　情緒控制能力：五顆星

你簡直就是一位情緒控制專家，你有著自己控制情緒的方法，能夠理性地看待問題的本質，跳出情緒的圈子看到事情本來的面貌，透過分析合理地解決問題。

4.6 禮貌，最不花錢的社交，卻比什麼都值錢

此刻，如果你能夠記住對方的名字，準確地叫出來，簡單的寒暄就可以一下子拉近彼此的距離。對於對方來說，這一定是一個驚喜，更是一種滿足，因為這會讓對方覺得你在乎他、重視他，他會很開心，對你也會產生好感和信任，從而更有利於接下來的會談。

4.6.1 禮貌是什麼

子曰：「人無禮則不生，事無禮則不成，國無禮則不寧。」做人沒有禮節就不能生活，做事沒有禮節就不能成功，治國沒有禮節國家就不能安寧。可見，禮節在我們的生活中起著多麼重要的作用。

禮節是人和人交往的禮儀規矩。禮節是不妨礙他人的美德，也是自己行萬事的通行證，禮節是人對人表示尊重的形式，包括動作形式和語言形式。如握手、鞠躬、磕頭等，是動作形式；問候、道謝等，是語言形式。

說到禮節，大家可能會有一種莫名的距離感，覺得禮節離自己的日常生活遙遠，畢竟像鞠躬、磕頭這樣的禮節性行為總讓我們覺得有一種儀式感，繁瑣複雜，覺得這些都是在重要場合才需要注意的。

其實不然，倘若我們換一種通俗的說法，把禮節換成禮貌，你是否就有了一種親切感，覺得這事就真的跟自己息息相關了呢？

4.6.2 禮貌在職場中的作用

週末在家，老媽的閨蜜吳阿姨跑來串門。吳阿姨是一家私營企業的HR，公司每年的校園招聘都是由吳阿姨負責。我想到自己即將踏入社會，便湊到客廳想向吳阿姨取取經，近水樓台先得月。

拋開學歷以及專業素養的問題，吳阿姨特別強調了職場禮節對於求職的重要性。聽吳阿姨說，當時因為工作需要，急需招聘一位助理，應聘的人很多，通過層層篩選最終選擇在小張和小王之間留下一位。小張畢業於頂尖名校，專業素養經得起考驗，以筆試第一名的成績直接參加實習，而小王則來自一所普通的大學，學的是人力資源管理，專業素養也不差，但綜合比較起來並沒有什麼特別的優勢。

我打趣地問吳阿姨：「這還選什麼，肯定是小張吧，人家可是高材生。」

吳阿姨撇了撇嘴表示否認，接著說道：「專業素養再好，沒一點禮貌怎麼行，平時在公司連招呼都不打，一副高高在上的樣子，從沒見她對誰笑過，請別人幫忙總是一副別人欠她的模樣，提醒她幾次也無濟於事。」

起初覺得這孩子只是不擅長交際，有點內向，只要工作能做好也沒問題。但事實證明不是這樣的，小張應聘的工作是人力資源助理，其實不單單是人事工作，各項工作都是需要和別人打交道的，個人的力量畢竟有限。

「螞蟻軍團」如今已經成為團隊合作的代名詞。工作和生活中不是靠單打獨鬥就能取得成功的。唯有團結合作，形成良好的工作氛圍，才更有利於公司的長久發展。如果你

不禮貌，一副趾高氣揚的樣子，又有誰願意與你結伴？整天跟你待在一起就覺得夠噁心的了，又談何合作？**如果你連最基本的禮貌都沒有，憑什麼去討論人生，幻想早日實現財務自由呢？**

4.6.3 記住別人的名字

聽了吳阿姨的話，我有一種醍醐灌頂的感覺，果然是「聽君一席話，勝讀十年書」啊，人生路上某個階段能得到幾位前輩的指點真乃一大幸事。

我繼續追問吳阿姨：「除了這些外，我還應該注意什麼呢？」考慮到我現在還在校，吳阿姨建議我從記住別人的姓名開始。

是的，記住別人的姓名。鋼鐵大王安德魯・卡內基（Andrew Carnegie）曾經說過：「一個人的姓名是他自己最熟悉、最甜美、最妙不可言的聲音，在交際中最明顯、最簡單、最重要、最能得到好感的方法，就是記住人家的名字。」

姓名是人的標誌，記住別人的名字是對他最大的尊重。你是否也曾經遇到過和老熟人打招呼，當對方已經很清晰地叫出你的名字時，你卻怎麼也想不起對方的名字。

此刻，如果你能夠記住對方的名字，準確地叫出來，簡單的寒暄就可以一下子拉近彼此的距離。對於對方來說，這一定是一個驚喜，更是一種滿足，因為這會讓對方覺

得你在乎他、重視他，他會很開心，對你也會產生好感和信任，從而更有利於接下來的會談。

我反思了一下自己，還真的從未認真地對待記名字這件小事，甚至有時候我還會安慰自己貴人多忘事，覺得自己很厲害，覺得自己是什麼重要人物。

4.6.4 不要吝嗇你的感謝

禮貌，最不花錢的社交，卻比什麼都值錢。面對一個陌生人，別人對你的第一印象就是你的著裝以及你的談吐。著裝得體便是一種禮貌、一種尊重，談吐優雅更是可以讓你光彩奪目，塑造一個好的形象。

出去吃飯的時候，我們常常會聽到某個大嗓門的顧客對服務人員吆五喝六。服務生的工作確實是為顧客提供更好的服務，但是作為顧客我們是否也可以對他們的辛苦付出表示感謝？

吃火鍋時，當服務生給你加湯的時候，你一句簡單的「謝謝」就可以令他開心許久；接到傳單的時候，不當面扔到垃圾桶就是一種尊重，可能你確實不需要這樣的資訊，但是請尊重他們的勞動，給予他們適當的鼓勵。人人都是平等的，你對待服務人員、對待街頭派發傳單人員的態度就是你素養的最好體現。

坐捷運的時候，碰到老弱病殘積極地起身讓座，同樣當別人給我們讓座的時候也要記得表示感謝。人多不小心踩到他人腳的時候及時說聲抱歉，一句「謝謝」、一聲「抱歉」，就可以給這個社會帶來不小的正能量。

美國《財星》雜誌曾經對七千五百九十位美國人做過統計，年薪超過十萬美元的高收入者與人爭執或犯錯後，道歉的機率是年薪二點五萬美元者的兩倍，禮貌與收入之間也存在著正向關係，原因很簡單，有禮貌的人更容易得到他們的青睞，人際關係也更加和諧，機會自然也就越來越多。

禮貌，是一種態度，一種尊重別人也是尊重自己的態度。不要吝嗇你的一句感謝，也不要吝嗇你的一句道歉，除了擁有良好的專業素養以外，禮貌可謂是你成本最小、收益最大的高性價比社交武器了。

4.7 你以為你看穿了別人的小算盤，不過是你傻罷了

不是別人太精明而是我們太傻；不是別人偷耍手段，而是我們太天真、太善良；不是別人心機太重，而是自己太傻白甜；別怪別人太勢利，要怪只怪自己不爭氣！

4.7.1 別自作聰明了

下午上課的時候，我和小馬坐在教室裡，我們到得早，老師還沒有來，黑板上有一些上節課老師遺留的筆跡，這時候同宿舍的小丁主動跑上去擦黑板。現在都是電子化教學，除了數學課之外，老師板書的內容並不多。擦黑板嘛，一分鐘就可以輕鬆搞定的事情，小丁卻整整擦了五分鐘，擦的過程中還不時地往教室門口觀望。

這時候小馬捅了捅我的肩膀竊竊私語道：「你看小丁，就那一點擦這麼久，八成就是做給老師看，還當別人都是傻子呢！」一副自己看穿了別人的洋洋得意的樣子。

果然等老師進來，小丁手腳俐落地擦完最後幾個筆跡，用力的抖了抖手上的粉筆灰，還跑到老師面前攤開雙手，表示剛擦過黑板，手上都是粉筆灰，需要去廁所洗個手。

如果放在以前，我一定會和小馬的想法一樣，小丁就是個勢利眼，表現欲強烈，就是傳說中的心機婊一個。

很多人總是覺得自己看穿了別人的小伎倆、小把戲，其實不過是自己太傻、太天真罷了。

我曾寫過一篇文章《你那麼功利，活該你處處碰壁》，有不少人反駁說現在的社會就是功利社會，你天真地埋頭苦幹，不知道宣傳自己、行銷自己的話，根本沒有人會注意

到你，甚至你的勞動成果也會被別人竊取。

我承認現在的社會大家太看重結果，不願意深究，也沒有什麼可指責的，每個人的精力有限，哪來那麼多時間去探尋事情背後的故事，瞭解每一項工作背後真正付出的是誰？上司要的只是一個結果，過程對他們而言並沒有那麼重要。

4.7.2 成為自己的謀士

曾有一位讀者蘭麥跑來抱怨，說自己所在的公司是一間小公司，沒有請清潔工，而自己是個愛乾淨的人，喜歡看到辦公室乾淨整潔，一切井井有條的樣子。為此，蘭麥每天提前半個小時到公司自發的把辦公室給打掃一遍，給花草澆澆水。跟她一起打掃的還有一位同事，叫小華，起初她還以為小華也是愛乾淨，兩個人打掃的時候有說有笑。但是時間一長，蘭麥發現小華只是打掃公司走廊以及上司辦公室的門，甚至蘭麥騰不開手請小華幫忙澆澆花，小華也不願意。

等快到上班時間的時候，蘭麥還在辦公室裡面辛苦打掃，小華卻不停地在擦公司的玻璃門，即使已經很乾淨了，小華卻還要來回地擦拭。

年終公司開會，上司特意表揚了小華，說小華為了全公司辛苦付出，要大家向小華學習，還當場給小華發了一千元的獎金，蘭麥抱怨自己明明比小華付出的要多，雖然她並不是為了獎金而打掃衛生的，但總覺得自己被騙了。後來她直接上升到人品問題，說小華這個人心機太重，以後肯定會有報應。

這事要是放在以前的話，我一般會站在讀者的角度替讀者鳴不平，灌一些雞湯告訴他們做自己喜歡的，問心無愧就好，至於別人怎麼看跟自己無關。但是這一次的回覆我沒有客氣地說了一些不痛不癢的話，我回道：「朋友，不是別人太精明，而是我們太傻；不是別人偷耍手段，而是我們太天真、太善良；不是別人心機太重，而是自己太傻白甜；別怪別人太勢利，要怪只怪自己不爭氣！」

蘭麥估計也是切實感受到了現實的痛楚，雖然極度委屈，卻還是表示贊同，但又忍不住追問：「可是這樣會不會顯得太功利了啊？」

二〇一五年《琅琊榜》這部劇大熱，劇中太子和譽王為了爭奪皇權，譽王不惜將太子暗地裡的私炮房炸毀，導致眾多百姓傷殘。當靖王趕到的時候，第一時間作出了處置，調撥軍用帳篷給災區以安撫民心，當靖王準備將調撥情況上報兵部的時候，卻遭到了謀士梅長蘇的阻止，靖王不解為什麼明明可以避免的疏漏，卻要冒著被太子黨羽刁難的風險故意隱瞞不報。

梅長蘇的一句話至今讓我記憶猶新：「我就是要讓兵部在皇上面前參你，這樣你做的事情才會被皇上知道，才會被各位大臣知道。」靖王有點生氣，我做這些事不是為了

讓皇上知道。梅長蘇答道：「若是做事之前就想好了給別人看，那是殿下的德行問題，可若是做了好事最終卻無人知曉，那就是蘇某這個謀士無用了。」

我們沒有像梅長蘇這樣思慮周全、運籌帷幄的謀士在身邊，也沒有一個人在我們做事的時候提點一二，幫助我們將自己的辛苦付出公之於眾，但我們是否可以做自己的謀士，只要事情確確實實就是我們做的，我們就無須謙虛。當然，物極必反，為了表現而演戲般的付出就是裝模作樣，難免令人作嘔。

4.7.3 學會行銷自己

如果有一天當你被人說精明，說你為人處世勢利的時候，別辯解；如果你問心無愧，做了自己該做的，就無須多言。辛夷塢在《致我們終將逝去的青春》中說道：「感激那些給你上過一堂又一堂課的涼薄的人們，其實並不是這個世界變得醜陋，世界原本如此。」

我不是鼓動大家要做一個精明勢利的人，只是想說適者生存，當不能改變環境的時候，首先要學會適應環境。做自己該做的，接受自己本應該接受的。謙虛是好事，但是過分的謙虛，不知道行銷自己的話，受了委屈就別哭哭啼啼。

不管我們做什麼，學會行銷自己是一項非常重要的技能。我們普通人也要學會行銷自己，無論哪種行銷，定位很重要。如果產品本身有問題，那麼再好的行銷也會遇到瓶頸而過早夭折。對我們而言，自己怎樣才算是一個好產品呢？擁有良好的專業素養，豐富的知識體系，正確的價值觀，言出必行，答應別人的事情就努力完成，努力做一個讓自己喜歡的人，不傷害他人，不惡意詆毀他人，專注完善自己，提高自己。我想這樣的自己才算是一個好的「產品」吧。

當然，天時人和地利，好馬配好鞍，再好的產品沒有好的銷售也是無濟於事。那麼我們怎樣才能做一個好的銷售呢？練好口才！一個普普通通的產品，一旦被一個好的故事包裝，就會變成眾人心目中的情懷產品，將自己包裝起來才會有更好的「銷量」。

朋友，別再自以為是地以為自己聰明，看穿了別人的小算盤，再不學會行銷自己，最後你連嘲笑別人的資格都沒了。

4.8　不會拒絕，受了委屈怪得了誰

我們要做一個善良的人，做一個普世意義的好人，但是絕不要選擇做一個濫好人。不是讓人們放棄對這個世界表達善意，而是鼓勵人們為自己爭取一些時間和自由，畢竟，不懂拒絕別人的人連自己都不愛，又怎樣指望獲得別人的尊重？

4.8.1 別讓不好意思害了你

你是否經常因為「不好意思」，不懂拒絕，而讓自己陷入兩難的境界？答應吧，自己沒時間、沒精力；不答應吧，又擔心人際關係受到影響。受了委屈後抱怨，卻又不得不忍氣吞聲默默承受。

週末，表妹夜裡十二點半傳訊息抱怨自己要崩潰了，還沒等我問她緣由，她已經向我抱怨了一堆。

初入大學的表妹為了和室友搞好關係，總是主動打掃，以至於現在室友已經默認了由她掃地，她不掃地反而成了一種罪過。室友晚上要跟男朋友出去吃飯，可是作業明天就要交了，來不及寫，於是就讓表妹代勞。她雖不情願，但也實在拉不下臉拒絕。

我罵她蠢，不喜歡的事情幹嘛不拒絕。

她告訴我她害怕，覺得如果拒絕了，對室友有所虧欠，甚至比對方還尷尬，彷彿自己犯了錯一般。

我告訴她下一次不喜歡就直接說，如果不懂得拒絕，活該受委屈。

她覺得我沒跟她一起罵室友，反倒是最後幫別人說話，為此好幾天都不理我。

倘若換作是另一個人，我指定不會說得這麼嚴重，但暖言細語的安慰或是感同身受地幫她罵室友就真的管用嗎？

室友可以扔下作業去瀟灑，讓表妹熬夜替她完成本不屬於表妹的任務。她都可以只顧自己痛快不顧表妹的感受，表妹為什麼不能義正詞嚴地說一句她不願意？

我勸了很久，可是仔細想想，自己又有多少次犯著同樣的錯誤呢？常因為不好意思拒絕而被拉去一個又一個的聚會，酒過三巡，人已微醉，身體也開始飄飄然，只想一頭栽床上睡到天亮，可又因為不好意思拒絕，已經站不穩的我還是硬被拉著去了KTV，直到半夜才得到解放。

仔細想想：為什麼不拒絕呢？不外乎不好意思，害怕傷了感情，害怕被人暗中報復。可是，你不拒絕因而受了委屈之後，有人心疼你嗎？

在電視劇《歡樂頌》裡，初入職場的關雎爾為了和同事搞好關係，當同事生病請假讓她幫忙完成剩下的任務時，關雎爾雖然想拒絕，但最後還是沒能張口。最終熬夜加班的關雎爾終於收拾了這個爛攤子，她以為同事會記住她這個人情。

可事實呢？因為同事前半部分的資料錯誤，漏洞百出，導致最終的文案根本不能使用。上司怒斥關雎爾的時候，她的同事有替她說一句話嗎？沒有。

就這樣，自己辛苦加班，不但沒有好處，反而成了替罪羊。

關雎爾覺得委屈，跟安迪抱怨。

可是一味地想要打造一個善良、樂於助人的形象，對他人的請求來者不拒，最終受

委屈的只有自己。

4.8.2 切勿成為濫好人

我們要做一個善良的人，做一個普世意義的好人，但是絕不要選擇做一個濫好人。我不是讓人們放棄對這個世界表達善意，而是鼓勵人們為自己爭取一些時間和自由。畢竟，不懂拒絕別人的人連自己都不愛，又怎樣指望獲得別人的尊重？

《破產姐妹》裡面有一句話：一個人的價值是由拒絕得來的。這句話不是要你擺出一副高高在上的姿態，別人的任何請求都選擇拒絕，以此提升自己的價值。只是想告訴你，你不喜歡的就果斷拒絕，沒人能強迫你違背自己的意願，除非你自己選擇妥協。

我們往往是越小心翼翼，卻越被別人看低。在別人眼裡，你不過是一隻綿羊，任人欺負還只能默默承受。

前段時間我被拉進一個聊天群，裡面是一群「嗷嗷待哺」，渴望愛情降臨的少男少女們。

群裡有個女孩說自己前幾天被父母安排去相親，男方不是自己喜歡的樣子，但是男方對自己很感興趣，當時就想說先相處看看，她不好意思拒絕，就這樣過了兩個月。中間有一次，她想要提出分手，但是又害怕傷害了對方，便欲說還休，現在眼看著就要見雙方家長，女孩覺得到了最後期限，可是還是不知道怎樣去表達才能不傷和氣。

不知道怎樣拒絕才能皆大歡喜、才能不傷和氣，這是我們大多數人選擇妥協接受的原因。如果你要問我是否有最完美的解決辦法，我想說「沒有」，一旦拒絕了對方，沒能達到對方的預期，對方難免失落，甚至有些小人會因此覺得你欠了他。前者人之常情，後者無須理會，這種人，早晚不是一條路上的朋友。

4.8.3 怎樣拒絕才能將傷害降到最低

一、拒絕一定要乾脆，不要拖泥帶水

前面提到的那個女孩，明知道自己內心不喜歡對方，就是因為害怕傷了對方的心一直拖著，拒絕的代價會隨著時間的推移變得越來越大。如果一開始就拒絕，只要一個簡單的微笑就可以，到現在不得不付出更多的時間精力去妥善處理。更何況，明知道不能滿足對方需求，一直耗著對方，更是對他人的不尊重。

二、解釋原因

拒絕對方很正常，只需要簡單地表達出自己不能提供幫助的原因，對方也不好再繼續請求。倘若對方還是糾纏不休，也可以看看對方所托之事的嚴重性，如果是自己力所

能及，很容易就可以辦到的事情，提供適當的幫助也可以增進雙方感情。但如果對方把你當成軟柿子，認為你好欺負，那也就無須客氣，直接告訴他自己沒時間就好。

三、給出替代方案

當自己不能提供幫助的時候，如果你能給出一個替代的方案，就會讓對方覺得你雖然沒有幫他，但至少為他考慮。替代方案如同一個台階，雙方都能避免尷尬，有時候替代方案給他帶來的幫助真的比你親自幫助他要好得多。

除了上面的三個建議外，還需要注意一點就是拒絕後不要多想。拒絕前可以冷靜思考，但是拒絕後就忘了這件事，不要擔心兩個人因此有了隔閡，會不會得罪對方，等等。因為事情已經發生，過多的猜想沒有任何作用，只會增加自己本不應該有的罪惡感。

學會拒絕可以減少自己不必要的時間支出，是對自己的尊重，對自己人生的負責。所以，下次別再因為不懂拒絕，受了委屈而哭哭啼啼，假如我們自己都不愛自己，又怎麼指望別人尊重我們呢？

第五章　關於朋友

5.1 老同學，你們還好嗎

老同學們，盡情折騰吧，折騰出自己想要的模樣。瘋狂吧，朝著自己夢想瘋狂奔跑。青春趁年華，在這大好的年華里盡情地折騰，瘋狂地奔跑吧。少點顧忌，多點激情；少點膽顫，多點果敢。女神也好，男神也罷，只要熱愛，就大膽去追吧。

5.1.1 紀念冊裡的夢想

準備搬家，老媽催我趕緊打包我書房的東西。我偶然翻到一本國中紀念冊，看著那些已經想不起來模樣的同學的簽名，看著同學們曾經寫下的誓言和夢想，因早已經沒了聯繫，也無從考證夢想是否實現。

老狼在《同桌的你》裡唱道：「明天你是否會想起，昨天你寫的日記。明天你是否還惦記，曾經最愛哭的你。老師們都已想不起，猜不出問題的你。我也是偶然翻相片，才想起同桌的你。」

每次聽到這首歌就想問一句：老同學，你們還好嗎？

和朋友相比，同學更像是我們生命中的過客，甚至還沒來得及將他們的模樣刻在腦子裡我們就已經沒了聯繫。

黑子曾經是我鄰座的好友，這個外號是他開學第一天主動介紹給大家的。黑子學習上不開竅，雖說我和他是坐在一起，但是每當考試成績下來的時候，他站在教室後面的時間都比和我坐在一起的時間長。但黑子從來不會在意自己的成績，他覺得自己壓根就不是讀書的料。畢業的時候黑子在紀念冊的夢想一欄寫道：「我不想上大學。」這在當時看來簡直就是離經叛道。那時的我們都還在為上成大還是上臺大而糾結（事實證明，當時我們想得太多），黑子的夢想和所有人的夢想背道而馳。

翻開的紀念冊中，我最想見的就是黑子，這個願望在暑假實現了。組織聚會的是班上另外一個男生，他從小就是班上的風雲人物，為人仗義，極愛熱鬧，總是邀請全班同學輪流去他家聚會。

現在很多人都討厭參加同學聚會，畢竟人生不可能永遠同步前進，肯定有人風光、有人落魄，更害怕一場好好的同學聚會變成了比較大賽，變成了另外一場功利的社交活動。你留下他的聯繫方式是渴望日後能夠對你有所幫助，他記下你的 LINE 也是為了以後有事時多條解決管道。

我們總是習慣性把事情想得過於功利，卻忘了參加同學會不只是為見那些人，而是為回憶那些年一起做過的事情。只要大家心態健康一點，有錢別賣弄，沒錢別嫉妒就夠了。

5.1.2 十年後再見

到了餐廳，大家居然有些尷尬。做了功課的人，翻開紀念冊把人名和模樣做個對照，儘管如此，認錯人的現象還是會時常發生；沒做功課的人，乾脆選擇閉嘴，避免尷尬。

酒過三巡，大家都放鬆下來了。班長帶頭開始憶苦思甜，回憶當初的美好，也開始暢談自己如今的無奈。有人已經拿到知名企業的 offer，有人準備繼續深造，有人已經辦好了簽證，這很可能是一些人參加的最後一場同學聚會。當然，也有人正掙扎在生存的邊緣，為每天的房租叫苦不迭，為了省錢只能在郊區租房，每天乘坐五個小時的車往返，只想多存一點錢。

對了，黑子這傢伙果真實現了他的夢想，高中畢業後選擇了當兵。兩年義務兵的磨練使他成熟了不少，眼神裡多了份剛毅，少了份迷茫，身體也明顯硬朗起來。一堆看熱鬧的女孩非要黑子撩起上衣看看是否有腹肌。

如今的我們過得好也罷，不好也罷，都只是暫時的。沒人能一輩子處於高峰，也不可能一輩子待在低谷。只要每天為了夢想打拚，都是可喜可賀的。

結束的時候照樣說十年後再聚，十年後，我們還能再見面嗎？十年後，再見。

5.1.3 不說再見

仔細想來，記憶最深的還是高中的那幫老同學，曾經我們的夢想五彩斑斕，學測那一年，我們的夢想開始融合，直到完全一致：考上理想的大學。

每一個人都為了自己的夢想在努力。那時候，競爭都是良性的，吵架用一包奇多可以解決，上課聊天還是用紙條，一張張從作業簿後面撕下的小紙條裡藏著我們的祕密。簡單的夢想，簡單的生活，簡單的美好，簡單的幸福，簡單的回憶。

十二年追夢，如今的我們分散在各地，竟然也可以豪氣地說一句：我的同學遍布全國，甚至遍布天下了。

老同學們，不管你們現在在哪裡，盡情折騰吧，折騰出自己想要的模樣。瘋狂吧，朝著自己夢想瘋狂奔跑。青春趁年華，在這大好的年華里盡情地折騰，瘋狂奔跑吧。少點顧忌，多點激情；少點膽顫，多點果敢。女神也好，男神也罷，只要熱愛，就大膽去追吧。

老同學，你我以後雖然很可能只有老同學這個身分了，或許多年以後我們甚至都認不出對方了。但請記得，我真心祝福你們身體健康，前程似錦，夢想開花。

再見了，相互嫌棄的老同學；

再見了，來不及說出的謝謝；

再見了，不會再有的留堂作業；
再見了，我留給你畢業冊的最後一頁。
——好妹妹樂隊《不說再見》

5.2 圈子不同別硬擠

真正的圈子不需要靠你拚了命地融入，更不需要你費盡心思把過多的時間花在取悅別人身上，所謂的圈子不過是你實力的衍生品。當你的實力足夠強大時，你才能真正融入某一個圈子。酒香不怕巷子深，自己是梧桐，鳳凰才會來棲；自己是大海，百川才來匯聚。你只有到了那個層次，才會有相應的圈子，而不是倒過來。

5.2.1 做自己喜歡的事情就好

有位讀者來信，寫信的是一位剛升大學的新生小迪，她帶著對大學生活的美好憧憬，帶著對室友的無限期待開始了屬於她的大學生活。

但是很快，她就發現自己很難融入宿舍這個大家庭。宿舍裡四個人，開學的時候大家還相約一起去圖書館，有說有笑的，關係非常融洽。不到一個月還堅持去圖書館的就只剩下小迪自己，其他姐妹早已經窩在宿舍追美劇、逛蝦皮。為了合群，小迪也下載了整套的美劇，和室友一樣窩在宿舍看。起初小迪還覺得蠻有趣的，但兩部美劇看下來她便覺得無聊了。小迪想要擺脫這樣的環境，但又害怕自己遭到室友的排擠，所以跑來向我諮詢。

說來也奇怪，也不知道從什麼時候開始，我的臉書成了很多讀者心目中的解憂雜貨店（一家專門解決煩惱的店鋪，只要寫下煩惱投進店門前的投信口，第二天就會在店後的牛奶箱裡得到回覆），彷彿在我這裡都可以找到他們想要的答案。一度我也誠惶誠恐地害怕自己的建議對別人造成不好的影響，甚至害怕我的建議耽誤了他人。

所以，回覆從給建議到開始講我的故事。和小迪一樣，剛入大學的我一樣憧憬著室友就是自己一輩子的摯友，拚命地想要融入他們。他們打遊戲，從來不擅長打遊戲的我也跟著下載遊戲，和他們一起熬夜打遊戲。不喜歡喝酒的我，為了融入環境強迫自己開始喝酒，那一年，我全都嘗試了。宿舍的氣氛自然也很融洽，但自己內心的掙扎卻越來越強烈，我明白這根本就不是我想要的。盲目融入大學宿舍簡直就是墮落的開始。

我開始慢慢脫離這個群體，我開始嘗試早起，嘗試去圖書館，雖然形單影隻，但內心卻是無比充實。和小迪的擔心一樣，我也遭受到了一定的排擠。偶爾回去的時候，我總能聽到一兩句室友的冷嘲熱諷，想要辯解卻又啞口無言。

當然，我不是一個學霸，我不是說自己有多優秀。我一樣在大一的時候被當掉過，自以為是地裸考多益導致失利。我只是想說每個人都有著自己喜歡的事情，有著自己的興趣愛好，沒必要為了融入某個並不喜歡的圈子而苦苦掙扎。

我的室友們喜歡打遊戲並享受其中，小迪的室友們喜歡看美劇並沉浸於劇情中，跟著男女主角一起傷心落淚。那是他們喜歡這樣的生活，所以他們不覺得痛苦。你沒必要和其他人的愛好保持一致，喜歡什麼就做什麼。

當你足夠優秀的時候，那些曾經嘲笑你的人不會再嫉妒你而是羨慕你。人往往都是這樣，你嫉妒的都是曾經和你同等水準的人，害怕他們超越自己。一旦別人遠超於你的時候，嫉妒也早已經化為羨慕了。

5.2.2　所謂的圈子不過是你實力的衍生品

有人可能要反駁道：人常說「近朱者赤，近墨者黑」，我想要融入更好的圈子，想要跳出自己的舒適圈難道不是一件好事嗎?為什麼說我不對呢?

我沒有說你不對，想要跳出舒適圈，想要改變自己當然是一件好事。只是你要明白真正的圈子不需要你拚了命地融入，更不需要你費盡心思把過多的時間花在取悅別人上，所謂的圈子不過是你實力的衍生品。當你的實力足夠強大時，你才能真正融入某一個圈子。酒香不怕巷子深，自己是梧桐，鳳凰才會來棲；自己是大海，百川才來匯聚。你只有到了那個層次，才會有相應的圈子，而不是倒過來。

《歡樂頌》裡的樊勝美，一門心思要嫁入豪門。但最終就如曲筱綃所言，樊勝美不過是那群男人桌上的一道主菜，因為樊勝美跟他們並不屬於一個圈子。

如果你幻想擁有像《歡樂頌》裡五姐妹那樣的朋友圈、那樣的友誼，我勸你還是早點打消這個念頭。我們不求同時擁有像安迪那樣智慧過人的企業高管給你職業上進行指導，也不求能有一個古靈精怪的富二代曲筱綃可以時常給你物質上提供幫助，甚至我們在求職道路上能擁有一位像樊勝美那樣的資深HR的指點都是無比渺茫的。如果我們人生路上能遇到導師、貴人，工作學習上能有他們的指點，那簡直就是我們上輩子修來的福氣。

大多數人的現實，不過就是畢業後和一幫跟你一樣的職場菜鳥擠在一個租屋裡，條件好一點的也不過是一個人租單間，哪來那麼多的人生導師時刻提點著你？

客觀來講，這個社會就是存在階層的，你沒辦法忽視。社會階層是很難逾越的，富人的孩子生來是富人，窮人的孩子生來是窮人。與其想要跨越階層，融入不同的圈子，不如努力做好自己的工作，找到適合自己的圈子。

5.2.3 如何進入更高級的圈子

我們注定了一輩子只能生活在社會底層嗎？當然不是，你的命運你完全可以自己做主，不需要你透過融入一個你心目中更高級的圈子來徹底改變自己，更不需要你融入一個看起來可以讓你少遭受一點排擠的圈子來減少生活的阻力。

我們應該怎樣去做呢？不妨學習那個情商、智商都略顯低下的傻白甜邱瑩瑩，從職場菜鳥，失戀後一蹶不振甚至癲狂，到最後找到適合自己的方向，在工作中發揮自己的光芒，最終成就了自己。再比如，學習一下那個曾經生活在各種框架裡的乖乖女關睢爾，透過自己的勤奮努力，對工作認真負責，最終成功地得到了自己夢寐以求的工作機會。

她們的成功當然也離不開安迪、樊勝美的指點幫助，但更多的是她們自己的辛苦付出，《歡樂頌》裡面五個人的圈子各不相同，安迪有著令人羨慕的上層精英人士資源，富二代曲筱綃擁有一幫實力相當的紈絝子弟朋友。五個人的圈子不同，鮮有交集，各自按照自己的運行軌跡平穩地發展，互不干涉，每個人都在自己的圈子裡摸爬滾打，都為著自己的目標而奮鬥。

最好的改變不是融入某一個圈子，而是明白圈子不過是自己實力的衍生品以後竭盡全力地付出。

5.3 我把你當朋友，你把我當人脈

真正的人脈關係是建立在價值對等的基礎上，對等的價值交換是人脈資源關係穩定的基礎。關係依託實體，皮之不存，毛將焉附？你能夠為他人持續不斷地提供優質資源，別人才願意與你建立深度連結，並提供等值的價值回報。

5.3.1 交朋友如同談戀愛

俗話說：「一個籬笆三個樁，一個好漢三個幫。」還有什麼「在家靠父母，出門靠朋友」。話雖不假，畢竟多一個朋友多一條路，你困難的時候我拉你一把，我落魄的時候你幫我一下，大家相互扶持，不說同甘共苦了，好歹互相有個照應，有個幫襯。

有人說朋友之間就是互相利用的，就是今天你利用我、明天我利用你，這種說法太過功利，但至少強調了互相利用這個重點。不管是在工作中還是生活中，我們哪個人沒有利用過朋友呢？誰又敢說自己沒被朋友利用過呢？能被利用說明你有價值，說明你有可以交換的資源。

交朋友如同談戀愛，不對等的交流很難長期維持，一味地付出難免心生芥蒂，漸漸地就成了再也不見的老朋友，更談不上以後的相互幫襯。

下課的時候，我接到一個許久沒有聯繫的朋友的電話，也不知道他從哪裡聽說我有一定的粉絲，他想要透過我的平台去宣傳他的化妝品，聽到這樣的請求我內心是比較抵觸的：一是我和他已經許久沒有聯繫了，剛聯繫上，連簡單的寒暄都沒有就讓我幫忙宣傳；二是化妝品這樣的產品風險太大，他不過是一個小小的代理商，也沒法保障化妝品的品質。我婉言拒絕了他的請求，他似乎有點不高興：「那你寫文章肯定認識不少人，你看看誰可以發這類廣告，幫我聯繫一下。」

剛拒絕完難免有點內疚，聽他這樣說，我掛了電話便趕緊在寫文章的群裡問誰能接這樣的廣告，問了一圈下來，肯接的朋友寥寥無幾，終於有一位願意接單，但是價格要比平時的文案高出很多。

我按照剛才朋友打進來的電話號碼回撥過去，告訴他有人願意轉發，他特別高興地跟我講了一大堆產品介紹，然後跟我要LINE，說把詳細的資料傳給我，最後不停的說謝謝。

我剛加他LINE，就被十幾張圖片洗版了，等他介紹完，我把人家的報價跟他說了，他立刻回覆了一個疑惑的表情，驚訝地問道：「還要錢啊？不都是朋友嗎？你不是也認識那個人嗎？跟他說說就當幫個忙啊。」

看到這樣的回覆我沒有生氣，反而被他的說辭給逗樂了。什麼叫就當幫個忙。別人辛辛苦苦為你寫文案、排版，幫你宣傳，你一句「謝謝」就給打發了？別人的勞動都這麼廉價啊。

我是你的朋友，但不是你人脈的榨取機。互幫互助可以，但是索取壓榨還是趁早離我遠一點吧。

5.3.2 什麼是人脈

什麼是人脈？人脈即人際關係、人際網路，體現人的人緣、社會關係，透過各種管道所達到的領域。辭典裡人脈的解釋為「經由人際關係而形成的人際脈絡」，經常用於政治或商業領域，但其實不論做什麼行業，人人都會用到人脈。

通俗一點來講，人脈不是你認識多少人，也不是多少人認識你，而是多少人認可你，認識和認可是兩個完全不同的概念，前者只是萍水相逢有些許印象，而後者才是讓別人真正記住你的原因。

此外，我們還需要將人脈和朋友兩個不同的群體做一個區分，人脈其實就是為了利益，為了更好地推動某件事的發展，更好地完成某個目標，而朋友則是一種情感上的需要，功利性的成分較少。

那麼，到底什麼才是真正的人脈呢？真正的人脈，是當你需要推動一件事時你能想

到的那些人，並且還得是願意幫助你的人。單單能想到的人還不叫人脈，那不過是你的通訊錄。

真正的人脈是一種寶貴的資源，需要你用心維護。而想要維持你的人脈你就需要時刻提高自己，保持自己的核心競爭力。只有你自身的資源、價值能夠跟別人處於同一層次時，人脈才能真的維持起來。

5.3.3 關於人脈，我們都有哪些典型的誤解

誤解一：認識的人越多，人脈就越廣泛

這是一個最典型的誤解，很多朋友認為那些社交達人的人脈一定是最好的，甚至有朋友會覺得 LINE 好友越多人脈也就越廣。其實不然，人脈除了單純的數量對比之外，品質往往比數量更重要。

人脈雖說和朋友有著一定的差別，但是長久沒有維持的人脈也很難繼續，等到再想找別人幫忙的時候就很難了。

《歡樂頌》裡面樊勝美的父親急病住院，平時風光無限的她卻找不到一個人肯幫她，那些飯桌上的酒肉朋友壓根稱不上人脈，沒人肯在她真正需要幫助的時候拉她一把。人脈跟朋友不同，朋友或許還能夠同甘共苦，而人脈往往只是錦上添花的產物，只能同

甘，不能共苦。

誤解二：有人脈就是為了讓別人幫助你

真正的人脈關係是建立在價值對等的基礎上，對等的價值交換是人脈關係穩定的基礎。關係依託實體，皮之不存，毛將焉附？

你能夠為他人持續不斷地提供優質資源，別人才願意與你建立深度連結，並提供等值的價值回報。

知道了什麼才是真正的人脈，也知道了人脈的對等原則，那麼除了努力提高自己的核心競爭力、提高自己的能力以外，我們應該怎樣擴展自己的人脈呢？真誠。

與人交往，特別是與優秀的人交往，在相交甚淺的時候，你的為人處事態度是別人對你評判的重要參考標準。

泰戈爾（Rabindranath Tagore）曾說：「虛偽的真誠，比魔鬼更可怕。」與人交往真誠至上，千萬不要耍小聰明，更不要覺得別人都是傻子，可以任你擺布。

交人交心，澆花澆根。真誠的人，走著走著就走進了他人的心裡；虛偽的人，走著走著就淡出了他人的視線。真誠的人，一朝相識，恰似故人歸；虛偽的人，認識了一輩子，卻只若初始，難以交心。如果說人與人之間的相遇靠的是緣分，那麼人和人之間的相處，靠的就是一份真誠。

朋友，別再把太多的時間花費在建立人脈上了，只有無效的人脈才是積累起來的。在你足夠強大的時候，你自身就是一個磁場，會不斷地吸引有效的人脈來壯大自己的實力。你若盛開，蝴蝶自來；你若真誠，人脈自來。

5.4 所謂的心直口快，只不過就是嘴欠

其實，說實話有時候心直口快和嘴欠離得挺近，心直口快一不小心越過界就成了嘴欠。但至少我們得認知到問題所在，有則改之，無則加勉。無心之失雖比有心傷害值得原諒，但我們還是需要降低因此帶來的傷害。畢竟你我都一樣，都不是生來等著他人傷害的。人是感性的，儘管他知道你的一個誇獎並不那麼真心，但他還是會有藏不住的小開心。

5.4.1 那些煩人的「心直口快」

心直口快，詞典裡給出的解釋是「性情直爽，有話直說」，還特別備註是褒義詞。

可是，心直口快真的是個純粹的褒義詞嗎？姑且就算它是褒義詞，可很多時候有些人的行為不叫心直口快，不過是嘴欠罷了。

5.4　所謂的心直口快，只不過就是嘴欠

前幾天老同學在朋友群裡張羅著聚餐，對於聚餐地點吵得熱火朝天。有人說去當初辦謝師宴的地方，在那個大家分開的地方來一次重聚；有人說既然是夏天，不如去河邊的熱炒店，啤酒烤串嗨起來；當時正值兒童節，群裡一堆自稱「寶寶」的「中二青年」說不如來個郊遊回味一下童年。大家爭得熱火朝天。突然一個同學莫名地回覆了一個笑抽的表情，緊接著說道：「太沒『格調』，能不能去個高級點的地方啊。還啤酒烤串，多髒啊。要不我們去某某高級酒店。」開始還有人發言調節一下氣氛，慢慢地，群裡變成了他一個人唱獨角戲了。

如今，網購漸漸成了人們的日常行為。大家圖的就是一個方便快捷，滿足自己的購物欲。可總有些人，不知道是問答網站看多了還是與生俱來的優越感，看到別人滑蝦皮就湊上來冷哼一句：「啥時候了還在蝦皮買，都是假貨你不知道啊？要我說就得去實體店。哎，你知道嗎，某某品牌在當地又開了一家實體店，週末要不要一起去看看？」

你說這種人是心直口快嗎？也算是吧，性情直爽，有話直說。可是在河邊熱炒店吃個飯怎麼就低「格調」了？蝦皮購物怎麼就讓你如此嗤之以鼻了？你有你的消費觀，我也有我的消費觀，何必對他人指指點點。

前段時間母親節，大家集體在臉書分享老媽年輕時候的照片或自己和老媽的合照，本就是簡單表達一下自己對母親的愛。可不知道什麼時候，網路上開始流傳一個笑話：

第五章　關於朋友

你這麼孝順你媽上網（知道）嗎？甚至有些人還覺得這句話說得極好，複製貼上到所有有關母親節快樂的評論裡，生怕別人不知道他如此機智。

我看了又很無言！你怎麼知道我媽不上網。你怎麼知道我媽不會因為看到我臉書上有一個關於她的小動態，高興得跟同事亂炫耀，還不好意思地擺手說：「這孩子整天就會瞎鬧。」你媽不上網不代表我媽不上網啊！不好意思，我跟我媽還視訊呢。

出去旅遊，可能因為你第一次搭飛機，滿心歡喜地拍張機票；吃了一頓大餐，環境優雅，你忍不住拍幾張照片，順帶上傳個自拍。這時候總有人出來評論：坐個飛機你也拍，吃個飯你也拍，PO美食PO美食，發什麼自拍？

你素顏有人說你醜，你化妝有人說你心機婊，你穿得保守有人說你過時，稍微打扮下又有人說你狐媚風騷。

這種人如果是你很要好的朋友，偶爾調侃一下，活躍一下氣氛，尚可接受。但是如果你們不熟，那就真的拜託這人閉嘴吧。我無非就是想記錄一下我的小生活，你可以選擇按讚，也可以選擇無視，甚至可以封鎖我，這都是你的自由，也是你的權利。當然，你嘴欠也是你的自由，但嘴欠真的不是你的權利。

還有一種人，一般不多說話，但總在別人跟他分享一個事情的時候不自覺地哼出一句：切。我真想像大冰的書裡描寫的老兵一樣，拿著個滅火器對著你就是一頓狂噴。

5.4.2 不聽不聽，王八念經

有些人在你徹底生氣、明確表達不滿之後，他們反而比你更有理，到處說你開不起玩笑。他們說自己不過是幽默一下，誰誰就特別認真、愛計較，並且還信誓旦旦地說以後不跟這種開不起玩笑的人玩。我真是謝謝你了，但願你說到做到。嘴欠的人往往把周邊的人得罪遍了之後，還是會兜兜轉轉再次和第一個人開玩笑。

幽默是一種點睛，可以把簡單的事情用巧妙語言講出來，起到很好的調節氣氛的作用。但真正幽默的人絕不會為了博大家一笑而去侮辱某一個人或者某一個人群。就比如某些綜藝節目總是喜歡以胖子作為一個綜藝笑點，拜託，真的沒那麼好笑。

其實，說實話有時候心直口快和嘴欠離得挺近，心直口快一不小心越過界就成了嘴欠。但至少我們得認知到問題所在，有則改之，無則加勉。無心之失雖比有心傷害值得原諒，但我們還是需要降低因此帶來的傷害。畢竟你我都一樣，都不是生來等著他人傷害的。人是感性的，儘管他知道你的一個誇獎並沒那麼真心，但他還是會有藏不住的小開心。

最後給大家分享一個我看過最搞笑的對待嘴欠人的辦法——不聽不聽，王八念經。再不行就學學大冰書裡的老兵，準備個滅火器送他上天吧。

5.5 Loser（失敗者），能不能別在背後議論我

面對別人的抨擊，你能承受多少，你就能擁有多少。別害怕被人背後議論，更別以暴制暴在背後議論別人。為了自己討厭的人不開心，為了別人的過錯生悶氣，你怎麼就那麼閑呢？世界上就是有這麼多人無聊可笑，你只要讓自己內心變得強大，無視他們就行了。

5.5.1 暗箭傷人

《莊子．雜篇．盜蹠》裡曾有一句：「好面譽人者，亦好背而毀之。」後來這句話演變為「面諛背毀」一詞，指的就是當面奉承的人，在背後也是最愛議論的人。

這句話桐梓算是徹徹底底體會到了。桐梓是一個剛升入大二的學弟，性格外向，個性大剌剌，喜歡跟人打交道。剛入大學他便加入不少的社團，算是學校裡最活躍的一分子。再加之能力確實出眾，大二的時候，桐梓已經成為某社團的副社長，他很高興，就想趁此機會感謝一下大家的支持，主動提出在學校旁邊的餐廳聚餐。

酒桌上大家觥籌交錯，推杯換盞，交談甚歡。社團裡的同伴們也紛紛祝賀桐梓競選為副社長，小華就是其中一個。他當著大家的面第一個跑上前給桐梓敬酒，說了一大堆祝賀的話，諸如桐梓能力就是出眾這樣的好話。那一晚，大家歡聚一堂，其樂融融，酒足飯飽，天色已晚，便各自回宿舍了。

從那以後，桐梓拉近了和小華的距離，什麼活動都帶上小華。兩人的合作雖常有摩擦，但也逐漸有了默契。

或許真應了那句「觥籌交錯盡虛侫，推杯換盞無真衷」。一次偶然的機會，桐梓準備去給社長彙報工作，在門外不小心聽到了小華向社長打自己的小報告，說桐梓對社團的事情不用心，總是在各個社團出風頭，生怕別人不知道他，競選副社長的時候惡意拉票……

桐梓一下被點燃，怒火攻心，直接推開門當面質問，小華見狀也不再刻意維護兩人可憐的友誼，直接把所有他認為桐梓不對的事情全都抖了出來，兩個人說著說著就動起手來。

我們大多數人可能很少和別人動手，更多的時候我們只是氣在心裡，拿別人沒辦法。甚至有的時候，你和對方根本就完全不認識，對方照樣要充當聖母婊指責你，自以為是地站在道德制高點罵你。

5.5.2 歡迎指正，但不困於爭辯

所有的事情我們都不可能做到人人滿意，有人喜歡自然有人討厭，拿所謂的成功勵志文章來講，每一個人都渴望成功，處在迷茫低潮時的一部分朋友就需要一些正能量來鼓勵他們，幫助他們擺脫困境，至少在心理上有了動力。

人的一生分為很多階段，在不同的階段，人們的見識不同，認知也不同。走出困境的人再去看曾經看過的文章，甚至也會破口大罵，指責其雞湯、雞血。但在當時，那些文字又確確實實幫助他們重拾信心，讓他們有勇氣走出困境。

自從開始寫文章以來，有支持我的，也有反對我的，曾經有一個要好的朋友小偉每次在我分享文章的時候都會按讚，偶爾發個評論，也都是鼓勵的話，為此我一直都特別感謝他的支持。

可是天下沒有不通風的牆，有一次文章發表後，為了多增加一點瀏覽量，我便用老媽的手機去給自己的文章按讚，並且分享到老媽的臉書，渴望老媽的其他朋友們也可以幫忙點擊。剛分享到臉書，很快就提示有人回覆，我便打開臉書查看。

突然看到小偉也在臉書轉發我的文章，但是評論寫的是：整天一堆廢話，裝什麼文藝青年，雞湯害死人啊。

我媽用的是我淘汰的手機，剛學會用臉書的老媽透過本地的通訊錄加了所有人，裡面就包括小偉。點開小偉的臉書，我才發現像今天這樣的評論已經不是第一次了，我沒看到只是被小偉給限制了，而他不知道我媽的好友裡居然有他。

我的怒火一下被點燃，想要立刻找他質問。但想到他罵我都要限制不讓我看到，怕被我看到，也是可笑。一切害怕被當事人看到的罵人都是心虛的表現！

之後我沒再理他，他還是照常在我分享文章後按讚。在我發了一篇文章介紹我是如何靠寫作賺到了學費的時候，他也不忘回覆一句：兄弟現在成功了，別忘了以後請吃飯啊！我真想回覆一句「呵呵」。

不過，等我成功了，我還真想請他吃飯。懲罰一個喜歡在背後議論或是罵你的人，就得把自己的生活經營好，活得有滋有味，然後請他吃飯，看著他嫉妒你但又不敢說出來的窩囊樣，這頓飯也就值了！

面對別人的抨擊，你能承受多少，你就能擁有多少。別害怕被人背後議論，更別以暴制暴在背後議論別人。

5.5.3 最高的輕蔑是無言

人非聖賢，孰能無過。每個人都會犯錯。再加上每個人的成長環境不同，接觸到的人和事都不同，所以，不是所有人的三觀都能合得來。如果對方是你的朋友，與其背後

議論，不如當面指出。我相信你朋友明事理的話反而會感激你，君子聞過則喜，小人聞過則怒！

而真正喜歡在背後議論人的那些人，路遙知馬力，日久見人心。大家都不傻，早晚會看清楚他的嘴臉。

當你遇到一個人在背後說別人壞話，你無須跟他爭辯，他和你說話時，你在適當的時候「嗯」一下、「哦」一下，表示在聽即可。如果你饒有興趣，想要故意氣他的話，就當著他的面說別人的好，把他噎得沒話說。不過如果出現這種情況，估計等到他找到下一個可以聽他在背後議論的人的時候，你就成了他背後議論的主角了。所以說，對待喜歡在背後議論人的傢伙，別打擾他，靜靜地看著他繼續做一個Loser（失敗者）就好。

為了自己討厭的人不開心，為了別人的過錯生悶氣，你怎麼那麼閑呢？**世界上就是有這麼多人無聊甚至可笑，你只要讓自己內心變得強大，無視他們就行了。**

除了現實中被人議論外，我們還會在網路上遇到陌生人的「當面」議論。你不知道他是誰，你甚至不知道他是男是女，但當你發出一篇文、一條評論時，就可能收到這部分人匿名的議論和批評。你若辯解，那人便回覆一句：我只是對事不對人。

有則改之，無則加勉，收到好的批評和建議我們虛心接受，不是所有人都願意承擔被人誤解的風險去建議他人的。但是，也總有一部分人，沒有提出任何建議，只是為了罵你而罵你，你不知道他是誰，也不知道他來自哪裡，甚至你都不知道發生了什麼，就這樣被人詛咒了。你生氣，你發怒，你像他罵你一般謾罵回去。倘若你真的這樣，你就中計了。對他而言，罵你純粹是為了引起你的注意，讓你生氣，看到你發怒他就開心。

總有一種人，他們甚至享受被罵，你越罵，他越開心，終於有個人可以和他「聊天」了。這種人啊，純粹是人生中的一個大 Loser（失敗者）。匿名化的網路是他們最愛的偽裝，沒有任何代價的謾罵讓他們得到發洩，而你不巧成了他的發洩對象。看到這種人，默默封鎖就好。

該配合他演出的你要學會視而不見，就讓他一個人自娛自樂吧。別把自己寶貴的時間浪費在這種人身上，學著愛自己，有時間看本書，看個電影，學習一點有用的知識，比跟一個 Loser（失敗者）較勁更痛快！

5.6 宿舍生活真的就是人間地獄嗎

面對不同的環境，大家的適應能力不同。相對於大學宿舍這樣的環境，不同的人遇到的適應障礙也不同。及時作出調整，儘快地融入新的生活，也是我們需要掌握的一項本領。

5.6.1 幻想中的大學

上大學前，男生憧憬的大學生活是三五成群、勾肩搭背，有資源同享，有難同當，週末一起打遊戲到天亮，偶爾火鍋麻辣燙啤酒躁起來！女生憧憬的多半是幾個好閨蜜一起逛街，買！買！買！一起網購，買！買！買！路上看見個帥哥，一起八卦到宿舍。考試的時候室友互相幫助，共創和諧宿舍，完全是一副和諧社會、美好生活的寫照。

可現實是，多占用了一點公共資源、宿舍負責打掃分配不均等各種小事，都會讓氣氛變得尷尬。甚至你比你室友多去了一次自修室、多看了一個學習影片，都會讓宿舍氣氛變得無比尷尬。

我從小學到高中除了國三和高一在學校住了兩年外，其餘的集體生活就是大學的宿舍生活了。高中時無比討厭管很嚴的宿舍生活現在卻無比懷念。仔細想一想，高中的宿舍就是睡覺，而大學的宿舍已經成了一個娛樂場所，以娛樂為主，睡覺為輔。

到了大學，每個人都得到了極大的釋放，都渴望成為與眾不同的自己。沒有了束縛，開始放縱。

所以，對我而言，**大學生活不一定是人間地獄，但是由一台電腦按照設定程式隨機分配而讓學生組成的宿舍，很可能就是人間地獄！**

在大學四年，和你關係最親近的是你的室友，學會和室友搞好關係，就是大學生處理社交關係的第一步！

5.6.2 哪類人更不適合集體生活呢

一、喜歡獨處的朋友

在集體生活中，個人的隱私難免會受到侵犯。

解決方法：在大學裡，如果你想要一個屬於自己的私人空間的話，建議你白天可以去學校附近的咖啡廳、圖書館或者特色書店，那些地方人較少，環境也很優美，能遇見很多志同道合的朋友。

在宿舍的話，買一盞小檯燈，安裝一個防透光的簾子，也可以給自己營造一個小的私人空間，簡單實用。

二、有睡眠障礙的朋友

我一直極度羨慕那些沾床就睡、倒下就眠的幸福寵兒！我的睡眠品質很差，有點動靜半夜就會被吵醒，而且我睡前根本受不了一點噪音。

宿舍裡總有一個呼聲震天的（這個不能怨室友），通宵打遊戲或者看球賽的，甚至還有幾個視音樂為生命的人，越到夜深越愛吼幾嗓子的人。

解決方法：如果覺得吵，就跟室友們商量，約定一個熄燈、保持安靜的時間。買個耳塞，買一個眼罩，雖然不能完全隔離這些噪音，但是確確實實有一定的效果。如果嚴重失眠的話，就得去看醫生。

三、有潔癖的朋友

現在的大學宿舍多是上床下桌式的安排，但仍然有一些是上下床的結構。我圖方便選擇了下鋪，從此我的床便是大家的床，從來不會有人跟你客氣。

偶爾室友的朋友來，而我又不在學校（週末在親戚家住），我的床也自然成了公共免費旅館。我的拖鞋也不再是我的，我的零食也不再是我的，不管放到哪裡都能被人扒出來。

除此之外，宿舍還一定會有一個以上的不打掃的人。穿過的襪子在床底下堆成山，等到他自己也受不了了才會集中處理。

解決方法：如果你有潔癖，就多準備一條大浴巾，起床之後鋪到床上，別人坐也只是坐在浴巾上，定期清洗浴巾就好。別抱怨，因為壓根都沒用。地髒了，自己主動多掃兩次；氣味不好了，就提醒一下室友，他的同意後清理掉他的臭襪子（通常他們自己也懶得再要了，因為實在太臭了），沒必要因為這個跟室友生悶氣。

即使我們再不適應宿舍的生活，未來的四年甚至是五年時間，我們都要在這裡度過。與其抱怨，不如找些解決辦法來盡快適應宿舍的生活，和室友搞好關係。大學是一個大課堂，我們學的不僅僅是知識，還有做人的道理。

5.6.3 我們應該怎樣做來改善宿舍關係

一、換位思考

在集體生活中，大家的作息時間不同，生活習慣不同，難免會有摩擦，我們在抱怨別人的同時，更需要以身作則，自覺地做一個模範室友。我根據兩年的宿舍生活經驗給大家簡單羅列了六條大家可能沒有太注意，但是很重要的小建議，希望大家可以共同遵守。

（一）按時打掃；

（二）早晨、午休及晚上十點後自覺保持安靜；

（三）不在宿舍裡抽菸；

（四）少說閒話，切忌背後議論他人；

（五）尊重室友隱私，不翻看他人的手機或電腦；

（六）看影片的時候戴耳機。

二、調整心態

你以為你的室友已經夠令人討厭，但你別忘了還有復旦投毒案呢。還是先感謝你的室友吧。

三人行，必有我師焉，學會發現你室友的優點，擇其善者而從之，其不善者而改之。人無完人，每個人都有優點和缺點，多學習別人的長處，把他人當作一面鏡子，讓自己成為更好的自己。

為室友的成長喝彩，大家共同進步，與其勾心鬥角不如良性競爭，四年後成就更好的自己。你室友過得比較沒那麼好的話，可能帶給你的壓力也小一些，但千萬別沾沾自喜，未來和你競爭的不只有你的室友。一個同學經常掛在嘴邊的座右銘：想想自己每天在跟哈佛大學的精英競爭，就會充滿鬥志。眼界放寬，別整天盯著你室友的成敗。

三、學會尊重

尊重室友的價值觀，尊重室友的處事風格，更要尊重室友的家鄉。每個人的成長環境、經歷也不同，只要不觸及法律，我們都沒權利對別人的價值觀指手畫腳。

更別自以為是地站在一個道德制高點上對他人指指點點，你可以不理解，可以跟室友溝通，但沒資格隨意批評他人。

不是室友不好，也不是你不對。總有一些人和我們的處事風格不同，也不是所有的室友都是真心的摯友，總不能要求別人跟我們習慣一樣、喜好一樣，合不來別強求。

四、學會裝傻

有些室友喜歡說大話，如果你發現他在「吹牛」的話，別拆穿。凡事沒必要錙銖必較，神經大條一些。裝傻不是讓你一味妥協忍讓，只要不涉及底線，沒必要揪住別人的缺點不放，讓室友下不了台。維持宿舍的良好氛圍很重要，凡事多看優點，多學別人的長處。

「傻人有傻福」，主動承擔一點清掃的工作，不會吃太多虧。必要的時候請大家吃一頓飯，花不了多少錢，拉近了大家的距離，一頓飯錢買一個好心情，想想還是挺值的。

倘若是大一新生，不建議一開始就主動承擔過多的雜事以及請客吃飯！碰見好的室友，大家都比較自覺；碰見不自覺的，你就等著被「欺負」吧。

五、懂得感恩

別人沒義務幫你，常把謝謝掛嘴邊，懷一顆感恩的心，生活會比你想的更美好。別人給自己帶飯，幫你在圖書館占座位，都要說一句謝謝。

不要在別人沒幫到你的時候惡言相向，答應了別人的事情我們要盡力做好，但是請求別人的事情，別人沒有辦到，我們也沒資格過多抱怨。

六、外面的世界更精彩

宿舍生活不是全部，如果真的不適應宿舍生活，就常去圖書館，參加感興趣的社團，跟志同道合的朋友一起結伴郊遊，都是不錯的選擇。

很多東西等失去了我們才懂得珍惜。大學生活沒那麼糟，如果每個人多一點自覺，收斂一點自私，調整一下心態，就會發現宿舍生活還是一段令人珍惜的時光。至少在這裡，你我曾經熱血沸騰。

5.6.4 測試看看你是不是一個合格的好室友

一、你會在追劇的時候主動戴上耳機嗎？

A 戴耳機不舒服　B 有時候會戴　C 必須戴啊

二、面對室友請求帶飯，你的態度是怎樣？

A 非常不樂意　B 順路就帶　C 一句話的事情，肯定會帶

三、吃完的食物你會立即將其清理嗎？

A 經常忘記　B 偶爾忘記　C 必須立馬丟掉

四、你夜晚的睡覺時間是什麼時候？

A 夜貓子，一點左右　B 十一點半左右　C 十點以前

五你能按時打掃宿舍嗎？

A我才不掃地呢　B輪到我了再掃，多一次都不行　C看到髒了就主動打掃

六、你會因為著急，未經室友同意就使用了他人的東西嗎？

A室友一家親，不見外，直接使用　B用完打個招呼就好

C經過同意再使用

七、你是不是總喜歡打聽室友家裡的情況？

A非常喜歡　B偶爾好奇問兩句　C不過問，除非室友主動說

八、你是否試過偷偷翻看別人的東西？

A好奇心非常強，多次看過　B曾經看過兩次以下　C從不會看

測試結果分析：

A：一分B：兩分C：三分

(一)一到十分　好室友指數：一顆星

你很難融入自己的宿舍，總是難免和室友因為各種小事發生爭執，不客氣地講，誰和你同個宿舍都倒楣。宿舍生活是集體生活，可能我們都習慣了在家時候的自在，到了新的環境就得有所調整，和諧的宿舍氛圍也是大學生活非常重要的一部分。

（二）十一至十八分　好室友指數：三顆星

整體上你和室友的關係很融洽，雖然因為一些事情偶爾發生爭執，但隨著時間慢慢消化，開誠布公地說出自己的想法，和室友談談，協商制定一個共同的約定，就可以避免爭端的發生。每個人都有自己的生活習慣，只要你們雙方都明白這一點，相信你們會相處愉快的。

（三）十九至二十四分　好室友指數：五顆星

朋友，你簡直是文明的標準，道德的楷模，室友的典範！如果性別相同，我們一個宿舍好嗎？不過要提醒你的是：千萬不要做濫好人，要有自己的立場，宿舍和諧很重要，自己的感受也很重要，很多時候如果不開心就說出來，不要為了迎合室友而委曲求全。

5.7　萬兩黃金易得，知音一個難求

引言：朋友有很多種，志同道合是朋友，惺惺相惜是朋友。朋友是人生中的過客，是當你身處另一個環境時，也許會慢慢淡忘的人。但知己不同，知己是生命中的永恆，即使由於某些原因不聯繫了，再相見的時候也不會覺得尷尬、生疏，和當年一樣與他有

著聊不完的夢想，說不完的心裡話。

5.7.1 最佳損友

「為何舊知己，在最後變不到老友；不知你是我敵友，已沒法望透；被推著走，跟著生活流；來年陌生的，是昨日最親的某某。」

聽著陳奕迅的《最佳損友》，感慨良多，負能量「爆棚」，想到這麼多年來那些漸行漸遠的朋友，打開手機通訊錄從第一個翻到最後一個，卻發現沒有一個人能讓我完全放下防備，毫無顧忌地說說心裡話。

我感覺我是病態的，至少患有一定程度的社交恐懼症。我納悶為什麼自己總不能與他人深入交往？為什麼自己不能夠掏心掏肺地與人分享？內心深處固守著自己的祕密，不願讓別人知曉，這恐怕就是我最大的問題。

我挺羨慕女生之間的閨蜜情，雖然偶爾複雜，但是一旦認定就會無所不談，男生之間總是顧忌頗多，無話不談的往往都是學習上或者工作上的事情，情感類的問題往往只能自己消化，獨自承擔。

沒有知己，是不是我自身出了什麼問題？是我付出得太少，還是我和他們沒有共同的話題，抑或是我自己都不知道的原因。

朋友有很多種，志同道合是朋友，惺惺相惜是朋友。朋友是人生中的過客，是當你身處另一個環境時，也許會慢慢淡忘的人。但知己不同，知己是生命中的永恆，即使由於某些原因不聯繫了，再相見的時候也不會覺得尷尬、生疏，和當年一樣與他有著聊不完的夢想，說不完的心裡話。

5.7.2 朋友也分等級

百思不得其解，我試著從本源上認識「朋友」這個對我們人生有著重要意義的名詞。我得到了這樣的答案：朋友是指在特定條件下由雙方認可的認知模式聯繫在一起的不分年齡、性別、地域、種族、社會角色和宗教信仰的相互尊重，相互分享美好事物，可以在對方需要的時候自覺給予力所能及的幫助的人，其最高境界是知己。

原來朋友也是分「等級」的，朋友的最高境界才是知己，除此之外還有「素友」「死黨」「網友」，等等。怪不得伯牙把自己最心愛的琴摔碎，終生不再彈琴，感歎道：「相識滿天下，知心能幾人。」

自從開始寫作以來，我收到過不少讀者的鼓勵，最讓我感動的是一位學姐。她是偶然在網路上看到我的文章的，文章是被人轉載的，並沒有署名，她懇請轉載者幫她想想到底是在哪裡看到的文章。輾轉聯繫了好幾個人她才加到我的 LINE，一開頭先是說了一聲「謝謝」。

我不太懂，回覆了一個「問號」。

她接著說，謝謝我的文章帶給她的感動，讓她看清楚了很多。

收到這樣的來信，這種心情不亞於中樂透帶來的喜悅！

不知道為什麼，反倒是那些素未謀面的陌生人更容易為我們的成績鼓掌，而身邊自以為知根知底的朋友卻很難真心為你喝彩。除非他也做到了，否則你們之間的關係就很微妙，他有點腹黑（外表善良，內心險惡），但又是切身感受。其實啊，他壓根就不是你的知己。

大學宿舍生活讓我越來越堅定一個道理：遠離宿舍才是成就自己的開始。每個人的性格不同，習慣也不同，每當看到別的同學在宿舍都能靜下心來學習我就無比佩服，自己嘗試了幾次都以失敗告終。

一個人總覺得孤單，沒有動力，想要找一個志同道合的朋友一起努力，希望兩人可以相互鼓勵、相互監督、互幫互助、共同進步，問了身邊一幫人，沒能如願。

想要找人一起去考研究所，問了室友，準備考研究所的人不少，但是願意一起定時去圖書館讀書的沒有；想要找人一起運動，計劃晨起跑步，回應的人不少，真正實施的寥寥無幾。來來回回，終究孑然一身，形單影隻。也因此成功地給自己找了逃避的藉

口，因為沒有人陪，一個人動力不足，所以原本的計畫都「死」在了幻想當中，也確確實實成了「語言上的巨人，行動上的矮子」。

5.7.3 莫愁前路無知己，天下誰人不識君

知己不是酒肉朋友，不會跟你花天酒地、燈紅酒綠，但他卻十分懂你，懂你的一個眼神，懂你那些沒說出口的話，懂你的辛酸隱忍，懂你的落寞孤寂，想想如果能遇到這樣一個人，該是人生中多麼幸運的一件事啊。

我們都不缺想法，不缺計畫，但缺執行力。有知己固然好，沒有知己也無妨。不如換一個角度想想知己對於你來說到底起了怎樣的作用？

開心的時候有人分享，猶豫不決的時候多一個指導的意見，傷心的時候可以把自己的痛苦傾訴出去，困難的時候可以得到幫助，那麼運用替代原則，如果可能，我們是否可以根據自己所需的功能找到不同的替代品呢？就比如想要分享傾訴，於我而言，寫作就完全可以滿足我的需求。

知己不是永恆的，知己也是分階段性的。戀人有七年之癢，知己也存在節點性問題。隨著兩個人所生活的環境、所經歷的事情不同，兩個人的三觀都會發生或多或少的變化，甚至是顛覆性的。此時，當初你們共同堅守的價值觀、堅持的夢想或許早已經沒

有了共同體，你們攜手的旅程也就到了終點站。

知己之間也不是無祕密的，很多朋友覺得知己就應該無話不談、無所不說，其實這是錯誤的。無論再親密的知己，我們各自都有屬於自己的空間，屬於自己的祕密，不要試圖讓你的知己對你完全敞開心扉，我們彼此都不是對方「肚裡的蛔蟲」，尊重對方的隱私才是保持友誼長存的關鍵。

朋友，別擔心路途遙遠，別擔心形單影隻，借用唐代詩人高適《別董大》裡的一句詩送給追夢路上的你我：「莫愁前路無知己，天下誰人不識君。」

5.8 朋友，再見

也許，我們曾經知無不言，言無不盡，可如今陪你聊天喝酒的早已經是另外一個人。漸漸地，我們變成了兩個世界的人，我們之間只剩下回憶，只剩下偶爾的思念。但就是這份思念，這份回憶，你曾經帶給我的快樂和美好，已經成為我人生中的一部分。生命是一段旅程，每一個階段都會有新的朋友上線，亦有舊的朋友下線。

5.8.1 曾經的三劍客

茫茫人海，兩個人相遇的機率是千萬分之一，兩個人成為朋友的機率是兩億分之一。兩億分之一，看到這個機率有點吃驚，緣分太奇妙，讓曾經的我們相遇，見證彼此的成長。

中秋節的時候老媽問我，你有準備禮物給小唐嗎？小唐，小學時「三劍客」之一，從小玩到大，陰曆生日正好是中秋節，所以老媽很容易就記住了。可是，仔細算來，我已經和小唐有一年沒有聯繫了，除了IG上偶爾按愛心、逢年過節的群發祝福外，我們竟然再未見過一面，不再像小時候那般三個人跑到熱炒店喝著啤酒吃烤串，那時小唐總是喝多，然後就大吐苦水，說著自己苦苦追求的某個女孩。

上了大學後，我和小唐從開始時不時聊聊天，到大一、大二的寒暑假才能見上一面，每次見面都有一見如故的親切感，談天說地直到天黑才回家。

漸漸地，我們之間的聯繫就僅剩下IG的動態，直到看到他分享他和女朋友的合照那一刻，我才驚覺我們之間早已經沒有了陪伴。我不知道他什麼時候和他現在深愛的女生在一起了，我也不知道他為什麼喜歡她，倘若放在過去，他會第一時間跑來跟我商量他的追求計畫，我會一邊嘲笑一邊幫他出謀劃策。

還有秦少，一個從小學就開始寫詩的文藝男青年，高中文理分科後還在同一所學校的我們也沒了聯繫，偶爾在學生餐廳碰見也只是簡單地寒暄，如今他身在國外，我們之間除了回憶外，早已沒有了一絲聯繫。

當年的三劍客早已經天各一方，曾經約好的仗劍走天涯，如今早已被生活的磨難給輾壓。有些人注定走著走著就散了，有些事注定記著記著就忘了。

蔡康永在《奇葩說》上曾說：「可能現在友誼被包裝得非常華麗和高貴，但事實上，人生的不同階段會有不同的好朋友，好朋友就是把好東西帶到我們生命裡面來的人。」

是啊，人生的不同階段會有不同的好朋友，我們走過的路如同一棵茂盛的大樹，走著走著就遇到了分叉，或許是主動選擇，或許是被動接受，從此之後我們彼此之間便沒了交集。同樣，分開之後我們彼此都遇到了新的朋友，再陪伴彼此進入一個新的階段。

也許，我們曾經知無不言，言無不盡，可如今陪你聊天喝酒的早已經是另外一個人。漸漸地，我們變成兩個世界的人，我們之間只剩下回憶，只剩下偶爾的思念。但就是這份思念、這份回憶，你曾經帶給我的快樂和美好，已經成為我人生中的一部分。**生命是一段旅程，每一個階段都會有新的朋友上線，亦有舊的朋友下線。**

5.8.2 感謝你曾經的陪伴

當然，不是所有朋友的分開都是帶著美好的回憶平淡地漸行漸遠。那些曾經幻想一

輩子在一起的兄弟終究沒能抵得過距離，沒能抵過一次矛盾、一場衝突。

曾經很要好的朋友粽子，高中的時候我們兩個人真可謂是朝夕相伴、形影不離，到了大學，我們沒能考到同一個城市，粽子去了南部，而我留在了北部，如今的分開早已經不像過去分開就真的意味著沒了聯繫、沒了音信。

LINE、IG讓我們之間的溝通方便快捷起來，粽子是一個大剌剌的人，我不知道這樣形容對不對，因為每次借錢給粽子，粽子從未還過。

粽子的社交能力極強，剛進大學沒一年就已經成了學生會副會長，看他的IG，知道他整天都穿梭在各大酒場。因為生活圈發生了改變，我和粽子之間的溝通也沒往常那麼頻繁了。起初還會分享一下彼此最近遇到的開心或者煩惱的事情，漸漸地，粽子和我之間的對話就成了下面這樣：

「哥們，有錢嗎？沒電話費了，借個五百元，之後還你。」

「哥們，有錢嗎？請別人出來吃飯，錢帶不夠，給我轉個一千元應急。」

「哥們，最近手頭緊嗎？能不能先借我五千元，打算和室友一起旅遊一趟。」

……

我們之間的關係完完全全成了甲方乙方的借貸關係，一句多餘的敘舊都沒有，念及舊情每次我能幫的也都幫了，起初粽子還會按時還錢，可是到了最後就不作聲，等我旁敲側擊的提醒，才發現他早已經忘了這件事。

導致我決定和粽子絕交是因為一次同學聚會，粽子是一個社交達人，他社團裡有一個朋友在做某網路借貸平台的兼職，邀請一個人加入就可以拿到一定的提成，但是需要實名註冊，需要身分證的影本。

吃飯前，粽子在聚會群裡提醒大家帶上身分證，我本能地有點抗拒，畢竟這樣的網路平台屢屢出現詐騙的事件。等到吃飯的時候，粽子一個個向大家要身分證，感謝大家的幫忙，輪到我的時候我說沒帶，粽子明顯不高興。接下來吃飯時他也一句話沒跟我說，就算我主動跟他碰杯，他也假裝沒看到，扭頭轉向另外一個人。

那一刻，我意識到我們之間的友誼走到了盡頭，我們彼此已經很難再融入對方的生活。歲月改變了我們，我們都在拚命成長，也在這成長的過程中背道而馳。

這個時候，沒有什麼可以挽留，
這個時候，沒有言語不能承受，
但親愛的朋友啊，
享受這離別的時候，
過了今晚，我們就各奔西東，
就算知道，我們該笑著揮揮手。

我們的三觀早已經相悖，甚至變成了彼此討厭的那種人，但還是感謝你曾經帶給我的溫暖，感謝你曾經的陪伴，不管怎樣，願你在你新的世界裡，安好。

——安琥

第六章　看，生活多美好

6.1 當下才是最好的

抱怨過去和恐懼未來毫無用處，很多擔心都是多餘的，難道抱怨責備可以補救我曾經的墮落？難道擔心恐懼可以彌補我現在的不足？恐怕都不能吧。與其徒增煩惱，不如想想如何規劃好現在，至少，別讓五年、十年後的自己再埋怨現在的自己不夠努力。

6.1.1 無用的抱怨

表妹隔一陣子就會惆悵一番，哀歎生活無趣，看不到未來，十幾歲正值大好年華的她彷彿已經到了垂暮之年。自從開始寫作之後，我便時不時地收到她的各種抱怨、感歎，早上醒來一打開 LINE，我就看到表妹洋洋灑灑寫了幾千字的訊息。

和往日的抱怨不同，表妹這次似乎真的遇上了一個難題，但如果表妹能懂得「人生苦短，活在當下」這句很俗的箴言，想必她的難題也就不攻自破了。這個老掉牙的俗語我們人人都聽過，人人也都明白其中的道理，卻只有極少數人能夠真正明白並付諸實踐。

表妹的抱怨無非就是埋怨曾經的自己不努力，沒能考到理想的大學，現在的一切她都不喜歡，學校不喜歡，科系不喜歡，甚至室友也相處得不是很融洽，她把這一切痛苦的來源都歸於高三的鬆懈貪玩。

和表妹一樣，曾經的我，甚至現在的我也會時不時地抱怨，但與她不同的是，我更擔心未來的自己，害怕找不到一份好的工作，害怕遇不到一位中意的女孩，害怕煢煢孑立一輩子。偶爾走在鬧市區看到某棟樓的房價，還在上學的我又開始害怕自己買不起一間房，在這偌大的城市裡要靠租屋過一輩子。

快節奏的生活，我們對未來充滿渴望的同時，內心的焦慮不安更是如影隨形。後悔曾經的自己不夠努力，擔心未來過不上自己想要的生活。每一天，我們都在失望痛苦中越陷越深，都在焦慮不安中苦苦掙扎。《當下的力量》是艾克哈特・托勒（Eckhart Tolle）的著作，書中就對我們痛苦的來源做了解釋：「痛苦來自於對當下的批判，不能心平氣和地接受當下，便是製造痛苦的根源。」

不糾結過去，不恐懼未來，這才是我們應該有的人生態度。我們當然需要有一個合理的人生規劃，有一個長遠的目標，我們也需要及時反思總結，避免錯誤的再次發生。但是，除此之外，我們還需要踏踏實實地過好每一天，過好當下的每一秒，這才是我們真正應該關心的事情。

抱怨過去和恐懼未來毫無用處，很多擔心都是多餘的，難道抱怨責備可以補救我曾經的墮落？難道擔心恐懼可以彌補我現在的不足？恐怕都不能吧。與其徒增煩惱，不如

想想如何規劃好現在，至少，別讓五年、十年後的自己再埋怨現在的自己不夠努力。

6.1.2 快樂其實很簡單

巴西著名作家保羅・柯艾略（Paulo Coelho）在《牧羊少年奇幻之旅》裡說：「我現在還活著。當我吃東西的時候，我就一心一意地吃；走路的時候，我就只管走路；如果我必須打仗，那麼這一天和其他任何一天一樣，都是我死去的好日子。因為我既不生活在過去裡，也不生活在將來中，我所有的僅僅是現在，我只對現在感興趣。」

看吧，快樂其實很簡單，幸福也很簡單，你只需要把握住現在，立足於當下，學會珍惜，你就是一個幸福的人。

活在當下，提倡的是珍惜眼前的生活、珍惜眼前的人。不是呼籲我們過分享受現在、放縱自己，想怎樣就怎樣，想去哪裡就去哪裡。

原本捨不得買的包包，捨不得吃的進口水果，心想反正活在當下嘛，買；原本想要奮鬥的事情，覺得沒有希望了便自暴自棄，這樣的活在當下只是享受放縱，只是虛度年華，碌碌無為。活在當下不是讓我們透支未來，只是讓我們學會珍惜現在。

活在當下，你我本就是這世界裡的一縷塵埃，本就是匆匆過客。生活不一定只有驚天動地的情節才叫精彩，情感並非要有山盟海誓才算真愛。我們都是自己劇本中唯一的主角，無須過分埋怨曾經的自己，也無須用他人的成功打壓自己的努力，人的最大悲哀就是不願做自己，在恐懼迷茫中一蹶不振。

活在當下，別在抱怨和迷茫中讓時間溜走，別在懷念過去或者憧憬未來中浪費掉你現在的生活，珍惜你現在擁有的一切，過好每一天，充實每一天。

6.1.3 充實起來

那麼如何才能過好當下，充實自己的每一天呢？我在這裡附上自己的習慣日程表，僅僅代表個人的日常生活，每一個人的目標不同，需要調整的方向也不同，推薦只是為了讓大家有一個大概的方向，提供一種思路。畢竟，未來的路還需要我們自己一步一個腳印地走下去。

習慣的力量是強大的，「如果有如果，每個人都是偉人。」我們常感歎時光飛逝，後悔當初的虛度，可事實是：你的今天就是你未來人生裡最年輕的一天。至少，一個月後，一年後，三年、十年後我們不會再懊惱曾經的自己為什麼沒有努力奮鬥。

很多人說二十一天就可以養成一個習慣，我不太清楚這個說法有沒有科學依據，但就我個人的親身體會而言，這完全是一個悖論。對我而言，至少需要五十天，甚至是一百天的堅持，才有可能真正將某種行為變成一個習慣。此外，習慣多半還講究時間

性，例如你打算堅持每天背英語，可能頭幾天你會早上起來就熱情滿滿地背完，再過幾天想睡個懶覺就拖到中午再背，再過一段時間就又因各種理由推遲到晚上，直到最後放棄。

如果想要堅持一個習慣，我們可以給習慣設定一個具體的時段。至於哪個時段比較合適，完全可以自己安排，沒有優劣之分。下面是我個人總結的一些實用且容易堅持的習慣，不管我們最終可以完成幾項，哪怕只完成一項，我想我們也是有所收穫的。

6.1.4 個人習慣日程表

一、健康方面

因為我本身從小身體不好，每次寫總結都會習慣性地把健康這個大話題擺在最前面。畢竟身體是本錢，千萬不要等老了以後吃幾片各大景點都可以買到的神丹妙藥來強身健體。鍛鍊身體身體必須落實到人生的每個階段。

（一）早晨一杯溫水【時間：早晨】

這是一個老生常談的話題，還是建議大家一定要遵守，一杯溫水除了可以補充水分外，也有助於緩解便祕。如果條件允許的話，建議大家每天早晨吃一個蘋果，預防和治療膽囊炎的作用是很顯著的。

（二）少喝飲料，多喝水【時間：全天】

因為追求更豐富飽滿的口感，大多數人往往會選擇用飲料來代替純水，其實不然，飲料中常常含有大量的礦物質、添加劑、色素、防腐劑等，長期飲用對人體的腎臟和腸胃都有不同程度的傷害。如果喜歡不同的口味，建議大家可以在水中放一些枸杞、茉莉花或者檸檬片，再配上一定比例的蜂蜜，既有營養，又可以滿足對口味的需求。買一個漂亮的玻璃杯有助於你養成自製「飲料」的習慣，「親測」有效。

注意：不要用熱水沖泡蜂蜜水，要用溫水（低於五十五度），夏天的時候甚至用冷水直接沖泡都可以。否則你喝的這杯蜂蜜水基本上也沒有什麼營養了，口味也會發生變化，影響口感。

（三）每天運動二十分鐘【時間：晚飯前】

下班後提前一至兩站下車，用跑步來代替公車，輕輕鬆鬆就完成了基本的運動需求。也可以在固定的時間根據自身需要每天做一定數量的伏地挺身或仰臥起坐，這是最簡單也是最有效的鍛鍊身體的方法。

(四) 定期體檢【時間：定時】

很多人覺得體檢浪費時間，還有人覺得浪費錢，直到出現比較嚴重的疾病時才後悔莫及。定期的體檢對預防重大疾病的作用不言而喻，還是希望大家重視起來。年輕人可以兩年體檢一次，中老年人儘量做到每年體檢一次。

二、工作學習方面

(五) 列任務清單，力求今日事今日畢【時間：早晨】

每天早晨簡單制訂一下今天的任務，不需要你下載什麼 APP，手機自帶的便利貼、備忘錄完全可以勝任。可能會花去你五至十分鐘的時間，但是能讓你的一天保持清醒，不會手忙腳亂，也不至於虛度光陰。

注意：重要的任務盡量安排在前面。

(六) 學習一門語言或觀看一個演講（推薦 TED）【時間：上下班的路上】

語言是溝通的工具，掌握一門外語對我們的職場道路以及人生規劃都可謂是有百利而無一害。可能你的工作暫時不需要它，但藝多不壓身，如果你多掌握了一項技能，說不定在人生的某一次機遇中就能因此拔得頭籌。

當然，根據自身情況，你確實不需要語言的技能，也可以每天上下班的時候看一個

TED的影片，基本都是在二十分鐘以內的，都是一些業內大人物的演講，各種腦洞、各種實用性資訊，可以拓展你的思考方式。開車一族不需要乘坐公共交通工具，沒有這段學習時間，可以將時間調整到上班前的一個固定時段。

（七）常用的東西放身邊【時間：工作前】

很多時候我們因為找某個東西而浪費大量時間，更重要的是打亂了思路。每個人的意志力是有限的，過多的消耗很容易耽誤計畫的完成。工作學習前把需要的東西一次性地放到伸手可得的地方，就可以避免這種狀況的發生。

（八）學會說不，放棄無用的社交【時間：全天】

比拒絕更可怕的是不懂拒絕。因為你一旦答應了，如果做不到就是不守信，總是給人一個幻覺——你習慣不守信用，要明白時間概念。

（九）及時歸納【時間：接受新資訊的同時】

收到別人的名片，在名片背面寫上認識的地點、時間；添加一個連絡人時，直接備註一下他的職位等基本資訊；看到一篇好的文章收藏的同時歸一下類，都會在未來的某一時刻給自己極大的方便。

（十）看書半小時【時間：睡覺前四十分鐘】

很多時候我們總覺得自己看了很多的書，但是轉眼即忘，覺得白白浪費。但雁過留聲，在你看書的同時，很多東西已經不知不覺成為你的一部分。碎片化的時代，保持看書的習慣可以讓我們更加系統地去瞭解一個體系，更加深刻地明白書中的含義。

（十一）反思總結【時間：睡覺前十分鐘】

簡單地回憶一下自己今天都做了什麼，哪些做得好，哪些做得不好，做得不好的地方寫下原因，避免以後出現類似錯誤。有時候成長就是不斷地減少同類錯誤，直到形成一個完美的流程。

三、**生活習慣方面**

（十二）學會控制時間成本【時間：全天】

不要認為你的時間都是不值錢的，更不要為了買一張電影票提前下載各個 APP 查看各種優惠資訊只為了節省幾元錢。經濟允許的情況下，能讓別人做的耗時間的事情就讓給別人去做，比如洗衣服、洗碗。這些工作一般耗時且技術不高，同樣的時間用來看個紀錄片、背個單字，抑或是一家人在一起聊天、看個電視來增進一下感情更好。

（十三）不為買過的東西後悔【時間：消費後】

經常在買完東西後，看到別人有同款就忍不住去打聽多少錢買的。高出自己的購買價則會竊喜，低於自己購買價則會失落半天，後悔當初沒有好好殺價。這樣買東西的初衷早已經變了味。買過一樣東西後，就不要再去看它的價格，擔心自己吃虧了。一旦購買你要做的就是最大化地利用它，發揮它的價值，至於降不降價已經跟你毫無關係，不要再浪費時間給自己徒增煩惱。

（十四）常給家裡人打電話【時間：下班或晚飯後】

每天打電話回家給家裡報平安，告訴他們你的近況，給他們一個安慰，也給自己一個寬心。現在通訊這麼發達，LINE語音、視訊都是很好的溝通工具，常與家人聯繫，讓他們知道你沒有忘記他們，他們永遠是你的牽掛。

（十五）換位思考，學會理性地期盼【時間：意見衝突時】

發生不愉快事情時不要一味地埋怨對方，試著站在對方的角度想問題，進而找到合適的解決辦法，埋怨永遠解決不了任何問題。

以上只是我的個人建議，每個人根據自己的實際情況來制訂適合自己的時間表，最後讓時間來告訴你。你想要的時間都會給你，你現在要做的就是開始去做。因為今天就是你未來人生中最年輕的一天了，活在當下，充實每一天，願你我成為更好的自己。

6.2 背起行囊，出發吧

人生苦短，我們生活的地方太小太小，這個世界太大太大，有太多美好的人和事，太多壯麗多姿的景色等著你我探索發現。旅行的路上，你開始反思，開始聆聽來自內心最真實的想法，在路上，遇見想要的自己，遇見內心深處的自己。

6.2.1 既可以朝九晚五，又可以浪跡天涯

最近幾天我的情緒特別低落，做什麼事都不在狀態，硬生生地盯著電腦發呆了一個下午，原打算晚上按計畫看書，結果只是草草翻了幾頁就打算休息。

想出去走走，呼吸新鮮空氣，想再住一次青年旅館，聽他們講各種有趣的故事，聽他們傾訴各種聞之落淚的經歷。

大冰說：「你們一門心思地朝九晚五去上班，買了房、買了車又如何？一門心思地辭職、退學去流浪，南極到了，北極又如何？真正厲害的人的人生應該是：既可以朝九晚五，又能夠浪跡天涯。」

旅行的意義到底是什麼？每個人對它的定義可能不同，有人覺得旅遊可以讓自己在緊張的工作學習之餘得到放鬆，旅行就好比生活的潤滑劑，可以讓自己卸下包袱，忘掉

煩惱，感受大自然的美好，等到旅途歸來，可以更有鬥志地投入到新的工作學習當中。

大冰還說，「沒有任何一種生活方式是天然帶有原罪的。但任何一種長期單一模式的生活都是在對自己犯罪。明知有多項選擇的權利卻不去主張，那更是錯上加錯。」

「世界這麼大，我想去看看。」這句話曾經風靡一時，這也是我們不少人想要旅行的初衷。

人生苦短，我們生活的地方太小太小，這個世界太大太大，有太多美好的人和事，太多壯麗多姿的景色等著你我探索發現。旅行的路上，你開始反思，開始聆聽來自內心最真實的想法，在路上，遇見想要的自己，遇見內心深處的自己。

6.2.2 第一次遠行

高中畢業的時候，我迎來了我人生真正意義上的第一次長途遠行。一個人，沒做任何打算，僅憑藉著一腔熱血從家裡出發，買了一張火車票。在桃園和幾個朋友在火車站附近吃了一頓火鍋，隔著煙霧繚繞的蒸氣，我提出想要去看看大海，幾個朋友便建議我去墾丁。

吃完晚飯便要他們送我到火車站，我便去了墾丁，因為想要一路多感受感受，所以在各個城市到處停留，前前後後折騰了半個多月才到家。

一個人去了七個城市，住過青年旅館，打過地鋪，也住過五星級的飯店，吃過海鮮大餐。也因為到了最後錢包早已經乾癟，面對著遊樂園一碗一百五十多元的拉麵捨不得購買，直到回到桃園市區找到一家銀行領了錢才結束了餓肚子的窘境。

一路上，遇見不同的人，看過不同的風景，也聽見不同的故事，每一秒都有新的故事發生。

很多人說，旅遊就是為了逃避現實、逃避生活，可是到底什麼才是生活呢？難道是千篇一律的辦公室生活？難道是夜以繼日的埋頭苦學？旅遊本身正是生活的一部分。出去看看外面的世界，長長見識，拓寬一下自己的視野，在有限的生命裡盡可能多地領略這個世界的多姿。

日常生活千篇一律，如果沒有旅行點亮生命，又怎麼在這重複瑣碎的枯燥日子裡保持活力？老了以後，總得有點回憶吧？

6.2.3 如何實現自給自足

很多人把旅遊當作一種療傷的手段，我不知道它的功效到底有多好，至少，旅遊的時候我們的心情會得到放鬆。

看到這裡，估計你要忍不住吐槽一句：我們都知道旅遊好，可是沒錢怎麼去旅遊？

其實呀，旅遊並不是傳統意義上的要去多遠，郊遊、去公園這些都算。當然，想要出趟遠門錢還不是最大的問題，等到工作以後你會發現，時間才是最難得的東西。

作為學生，賺錢的管道有很多，最理想的賺錢方式就是透過努力學習賺得獎學金。既不耽誤學習又不耽誤賺錢，知識上滿足的同時伴隨著物質生活的提高，真可謂是精神物質的雙豐收。當然，不是所有的人都適合學習，再加之獎學金的名額有限，除了獎學金以外我們還有哪些管道可以實現自給自足呢？

一、擁有賺錢理財的觀念

理財（Financial management），指的是對財務（財產和債務）進行管理，以實現財務的保值、增值為目的。

想要實現自給自足，首先就得有開源節流的基本理財觀念，知道自己想要什麼，有意識地發掘商機。有了動力和目標後，才會真正付諸行動。

理財不單單是開源，以獲取更多的資金來源，也包括樹立正確的消費觀，懂得節流，知道如何避嫌等諸多方面。我們就從如何樹立消費觀講起。

二、樹立正確的消費觀

不管我們如何開源節流，擁有正確的消費觀是前提，理性消費最重要！切忌貪慕虛榮，為了比較過度消費，甚至貸款消費，能買得起五十元的就別買八十元的，能用起的

一百元的就別委屈自己買八十元的！前者大家可能好理解，後者更多強調如果自己能力足夠就別買所謂的「便宜貨」，用不了幾次就壞了，要買就買自己能力範圍內最好的！買一家價格相對高昂，但是耐用、實用的產品，比你買一堆地攤貨要好得多。

還有，一元也是浪費，請謹記這點。錢都不是大風刮來的，請珍惜每一分錢，積少成多。

有了正確的消費觀，接下來就該重點講講如何開源節流了。

三、實現自給自足的具體途徑

賺錢無非就是「開源節流」，所以我在這裡也從這兩大塊來講如何實現經濟上的自給自足。

（一）開源

第一種方式不需要做投資。這種不需要大家投入多少，基本可以分為靠體力和靠知識兩種方式。

前者大家最常見的就是在餐廳打工，出去做導購（做得好也得有相關專業知識）、發傳單、擺攤，等等。只要大家肯吃苦，賺錢的門路很多。現在流行叫外賣，據我所知，每送一餐外送員的提成在五到十五元，一天下來賺一千元沒問題，身邊有學長靠這一項就已經實現了自給自足。

懶人的錢最好賺，與送餐類似的還有送快遞，很多學校的快遞都不會送到宿舍，而是在一個固定的地方領取，很多人因為有事取不成或者純粹就是懶不想取，這個時候你也可以做送快遞的兼職，我們學校的價格是小件五元、大件十元，時間也不會占用太多，也算一種不錯的方式。

而後者就需要知識來保駕護航了。知識就是力量，書中自有顏如玉，書中自有黃金屋，這話是真的！知識就是金錢啊！最直接就是每個學校的獎學金，學霸們一年拿到的獎學金可以購置許多喜歡的東西。再加上各種補助，四萬元不在話下。當然，狼多肉少，能拿到獎學金的畢竟是少數。

但家教就不存在過多的競爭。如果你的大學還不錯，你就根本不用擔心找不到做家教的兼職。

我認識的一個學弟，就是透過學長的引薦，每周末去學校附近的社區給一個高一的孩子補數學，每周四個小時，每小時五百元。如果孩子考試有進步，漲一分給五百元！一個月不算獎金就是八千元，已經實現了自給自足！

藝術生們更是可以嘗試家教兼職，或者去培訓機構應聘。我認識的一個朋友馬上就要畢業了，他已經從培訓機構裡學到了不少，帶著五十多萬元（藝術培訓的價格很高）的積蓄準備回家自己開個培訓班。不但實現了大學期間的自給自足，工作也有了著落。

再比如我，學渣一個，獎學金沒有，家教的兼職也沒有，唯一能拿得出手的就是寫點東西。逐漸地開始有人約稿，我也賺了一定的稿酬。兩個月前，我是因為大學生活太閑才開始寫作的，看過我文章的人都知道，大學前兩年我就是學校裡最渣、最不起眼的「路人」，但是兩個月後的我已經可以靠寫作賺錢了。

同理，如果你喜歡畫畫，或者喜歡跳舞，你都可以實現自給自足。每個領域都有適合自己的平台，你要做的首先是提升自己的實力，然後再找到適合自己的平台，實現自給自足也就沒那麼遙遠了！

第二種方式就是投資型的，這種方式首先需要你有一定的積蓄。相信你們學校也一定會有一些學長學姐開的奶茶店、小餐廳吧，如果你有一定的積蓄，瞭解基本情況後也可以嘗試開一家屬於自己的小店，但是，在開店之前一定要做好充分的準備，圖一時刺激而盲目開店只會讓你的積蓄揮霍殆盡！

店鋪的租金、水電費、裝修等一切細節都要諮詢到位，押金付得越少越好！我有位高中同學，她的生意頭腦不得不令人佩服，大一就做各種兼職，當時和我一起做團購的差價，我負責供貨，幾個代理就她最能打開市場，跟飯店講價的技術也是一流，提成拿的也是最多的。現在她和朋友在學校門口美食街開了一家沙拉店，每天限量供應，供不應求。

還有一種「開源方式」不得不提，炒股！二〇一五年，大一的時候股票市場如坐過山車一般經歷了大喜大悲，不少同學都紛紛涉足，但大多數人被深深套牢。股市有風險，投資需謹慎！大學期間，沒有專業知識的支撐，貿然進入股市無異於賭博，有人賭贏了自然欣喜若狂，但更多的人還是零用錢沒賺到，基本的生活費也打了花光了。

從我個人的經歷來說，在自己經濟承受範圍內我適當少投入一部分錢在股票市場，股市的變化對提升一個人的抗壓能力有所幫助，相信我，這是真的，等你一天賠一萬元的時候就知道這種感覺了。

(二)節流

既然說了開源，自然離不開節流。你有沒有想過，為什麼買同樣的產品，你花的錢比別人多出一倍？同樣的生活費，別人的生活品質為什麼是你的數倍？

如果常在蝦皮、淘寶購物的資深剁手黨都懂，每次搞活動，各種網站互相競爭，便會有許多物美價廉的好貨。我曾經用五元買了一個原價兩百九十五元的枕套，五元買一個價值四百三十元的手環，也五元買了十二支中性筆，只要你肯找，羊毛很多的！但是，不管價格多低，如果你不需要就千萬別買！還是那句話：一元也是浪費！

最後，勸一下抽菸的朋友們，少抽幾根菸，不但對身體好，也能減少一筆不小的開支。

四、如何看待兼職

有很多朋友看到兼職就會反駁，覺得大學就應該是好好學習的，做那麼多兼職肯定會耽誤學習，到了畢業時你不好找工作。還有的同學甚至覺得兼職丟臉，因為礙於面子，所以選擇不兼職。看到在做微商的朋友，忍不住嘲笑幾句，也不忘自我安慰，慶幸自己不是被別人討厭的人。

在這裡，我還是要對微商說一句，別洗版！真的是很討厭！但是我很贊同大家做微商，不管賺不賺錢，能走出這一步就很棒。另外，做微商的朋友，能不能不賣面膜，換個行業涉足好嗎？我有個曾經一起做兼職的朋友做微商，在全網賣面膜的浪潮中另闢蹊徑——賣小零食，也沒見人家洗版，但是一天的訂單量也有幾十單，算是很不錯的成績了。

做兼職也一定要對自己所做的事情有一個基本的認識，千萬別做涉及個人隱私的兼職，通常都沒有好下場！

所以，做兼職不丟人，憑自己的本事養活自己，你值得為自己驕傲。但是，大學的學業也一定不能荒廢，分清主次，合理安排自己的時間。我認識一名學長，他把大量的時間花費在做兼職上，也確實實現了自給自足，但是即將畢業的時候，多益證書都沒有，必修課也被當了一堆，拿不拿得到畢業證書都不一定。這樣的兼職結果，你能承受嗎？

我們可以透過兼職賺取我們的第一桶金。

6.2.4 出去旅遊都需要準備什麼

有了資金，可是如果沒有合理安排好行程，出去旅遊簡直就是流浪。一個接一個的小意外早就把旅遊的熱情沖淡，只能在一個個景點中到處奔波。你旅途中流的汗都是你旅遊前腦子裡進的水。想要有一個輕鬆愉悅的旅途，準備工作一定要做扎實了。

雖然去過的地方不多，但我還蠻喜歡做攻略的。我嘗試總結了一下，下面是我個人的經驗分享，希望能讓你的旅途更加輕鬆。

一、出發前

檢查事項：身分證（拍照留存）、護照（拍照留存）、信用卡、現金、鑰匙、電子產品，如：手機（設置密碼，防止丟失後隱私洩露及財產損失）、充電器、行動電源、相機，備用藥品（OK蹦、感冒藥、暈車藥），「三好」（門窗、電器、水龍頭都關好）。

天有不測風雲，如果身分證、護照丟失的話出行會非常麻煩，倘若事先可以保存留底，便可以免去很多不必要的麻煩。現金不要帶太多，切忌炫富，那會給自己帶來安全隱患。夏天多雷雨天氣，出去旅遊記得把冷氣、電視、熱水器等大功率家用電器的插頭

拔掉，防止雷擊！水龍頭總開關也得確認關掉，免得回來家裡成了水簾洞。如果家中是木地板的話，就更得注意了。

行李準備：必備衣物，普通毛巾一條，必備化妝品（越少越好）。新聞報導裡經常曝光旅館衛生不符合標準，為了自身健康，建議帶一條毛巾，解決日常洗漱。女生的化妝品建議攜帶小瓶。

實用工具：雨傘（提前查看天氣預報），耳機、眼鏡、刮鬍刀（按需求，短途出門提前刮下鬍子就別帶了）、小型手機支架（備選）。

購買旅遊保險：不多解釋，建議購買。

基本攻略瞭解：各種網站都可以下載，也可以諮詢身邊去過的朋友。現在網路這麼發達，隨便就可以在網路上找到不少實用的攻略。不過大都千篇一律，如果想要體驗當地的特色，不妨在網路上看看某些部落客的文章，如果可以的話，直接問問他們有什麼推薦的。準備工作做足了再出發，玩得更盡興。

酒店預訂：旺季的熱門旅館提前一周預訂，淡季提前二到三天即可。旅館千萬別選在火車站或客運站的旁邊，太不安全！盡量選擇連鎖店，或者較高級的地方，旅途中的旅館也是你的景點。

交通預定：火車票提前七到十五天預定，飛機票越早越好（提前三十天左右預訂，優惠更多）。

如果經濟充裕的話，建議還是要有時間觀念，花錢買時間。選擇最節省時間的方式，留出更多的時間去欣賞更美的風景。

二、旅途中

交通：按需求購買當地交通一卡通。

景點：景點大多可以當天購買門票，部分景點的門票需要提前一天購買。

飯店：熱門特色飯店提前二到三天預定。普通飯店打開美食類軟體看評價，當天預訂即可。

安全事項：背包前背（強烈建議這樣做，我有慘痛的經驗教訓），旅館門用鏈條反鎖（避免客房人員用萬能卡刷開），關燈之後，用手機攝影鏡頭查看房間有無攝影機（網傳需這樣做，具體原理我也不懂），避免使用酒店浴缸！

購物（禮物挑選）：買衣服的話大型商店多有快遞服務點，可以快遞回家，特色小產品買精不買多，普通產品蝦皮隨便一搜就是一堆，建議就別買了。

三、到家後

整理照片。手機一般有行動網路，會自動備份照片，相機拍的照片到家一定要記得及時拷貝，並將一些值得留念的照片洗出來。

另外，建議在照片背後簡單寫下有關這張照片的故事，方便以後翻看的時候回憶。旅遊中，除了路上見到的那些人那些事之外，還有很多不經意的回憶藏在你的鏡頭下。

以上就是我自己總結的一個旅遊流程。希望能夠幫助你，世界那麼大，我們準備好了再出發也不遲。最後還是囉嗦一句：出門在外，安全第一，請照顧好自己。願旅途中的你轉角遇見渴望的他，遇見想要的自己。

6.3 停下來跟自己聊聊天吧

接受平庸不代表我放棄了夢想，只是當我再談起它的時候，我的緊張和壓力已經變成坦然和動力，我不再擔心它實現不了。夢想於我而言不再完全是生活的必需品，它可以成為我的意外驚喜，錦上添花，輕鬆的時候把它端著，也許萬一實現了；疲憊時刻把它放下，偶爾渾噩。努力去做一個有二兩成就的人，但是也要做好準備，也許我此生都會繼續平庸下去。

6.3.1 突如其來的疲憊感

「乖兒子，最近忙什麼呢？早上一定要記得吃飯，千萬要注意身體。」老媽隔一陣子都要打個電話督促我按時吃飯，照顧好自己。

「沒事，別擔心，我過得很好。就是……」報喜不報憂，習慣性地應付道，可這次沒能完全忍住，多說了一個「就是」。

「就是什麼？怎麼了，兒子，沒出什麼事吧？有什麼事跟媽說，別憋在心裡，是不是錢不夠用了，不夠了就說，我叫你爸一會兒就給你匯過去。」電話那頭我一句欲言又止的「就是」已經讓我媽擔心起來了。

「不是不是，夠用，你們別擔心。」我趕緊打消她的顧慮，補充道：「就是，就是最近事情好多，有點累。」

「累了就休息吧，別那麼大壓力，要不然媽媽週末去陪你吧。」兒行千里母擔憂，報喜不報憂就是害怕他們過度擔心，顯然這次已經讓她坐立不安了。

「不用，我週末睡個大頭覺，休息休息就好了。」我趕忙阻止她。

「那好吧，你有什麼事就跟媽說，別一個人憋著，聽見沒！」老媽不放心地反覆叮囑。

「知道了，放心吧。你在家也照顧好自己。」

小時候我身體不好，其實也沒什麼，就是胃病，這病三分靠治七分靠養。老媽總是擔心我一個人在外求學不按時吃飯，照顧不好自己，生怕我給自己太大的壓力，習慣性

地把一句「千萬別累著，累了就休息休息」掛在嘴邊。

每次聽到媽媽這樣說，我嘴上都滿口答應著，心裡卻不由得感歎，想休息不容易啊，這個社會發展得太快，逼得我們不得不拚了命跟上它的腳步，**往往我們竭盡全力去追趕，最後還是只能望塵莫及。那些比我們優秀的人比我們還要努力，甚至有時候我都覺得多活一秒就又拉大了跟別人的差距。**

往往我們竭盡全力才能勉強得到一絲安慰。前段時間我給自己訂下了好幾個小目標，每天背一百個英語單字，每天寫作三千個字，每天早起打卡，每周看兩本書，每一天都要過得非常充實飽滿。

起初，我幹勁十足，然而這樣的狀態並沒有持續太久，我算了下，我堅持的時間剛過一百天。這一百天自己收穫了太多太多意想不到的美好，初嘗寫作的我承蒙各位讀者朋友的肯定，文章收穫了上萬的讚數關注，認識了一大幫可愛又有趣的新朋友，簽了人生中第一份合約，一切看起來都是那麼美好。

可就在剛剛，我什麼都不想做了，突然就一下子沒了熱情，沒有任何幹勁，就想簡單地發呆，好好睡上一覺，或是跑出去來一場酣暢淋漓的大跑。

一百天的堅持，寫作已經成為我的一種習慣，此篇文章也成了我的傾訴方式，夜已經深了，窗外白天還人來人往的街道，到了夜晚就只剩下街道兩邊梧桐樹的倒影。我沖了一包即溶咖啡，希望自己能亢奮起來，試著從文章中找到一些自己內心的聲音。

6.3.2 其實你已經很優秀了

我不知你是否和我一樣，過往的人生中總是由無數個間歇性鬥志昂揚、持續性情緒低落的狀態構成，雖然沒有傲人的成績，沒有值得炫耀的成就，但也跌跌撞撞走到了現在。可能你和我一樣，是一個大三的學生，對即將踏入的社會充滿了期待，又充滿了恐懼；也可能你剛剛踏入大學的校門，帶著對未來美好的憧憬，開始了自己在象牙塔裡的嶄新生活；也可能你剛剛步入職場，面對著高強度的工作任務以及同事之間的勾心鬥角還有點力不從心。

我收到了一位讀者的來信，可能是同齡的關係讓我們多了一絲親近感，也可能是她的壓力實在太大，終於有了一個樹洞可以讓自己得到發洩，斷斷續續竟然「抱怨」了兩個多小時。

我們就暫且叫她小李吧。小李形容自己就是一個拚命三郎，因為學測的失利她沒能如願考入自己夢寐以求的大學，這也成為她最大的遺憾，甚至成了她的一個心結。

從大學的第一天起，她就制訂了詳細計畫，除了吃飯、睡覺之外，所有的時間不是在教室就是在圖書館。皇天不負有心人，大學不到兩年時間，小李已經連續兩年獲得了

國家級獎學金，證書也收穫了一大堆。大三的時候她被學校選為交換生，去英國交換生活了一年。如今，剛畢業的她就已經獲得了世界五百強公司的實習機會。

在我們看來，小李的大學生涯堪稱完美，四年的付出讓她收穫了比旁人更多的成績。可是小李卻深陷迷茫無助當中，雖然她已經很優秀，但她總覺得自己和名校畢業的實習生有著很大的差距。

我們或許沒有小李這樣的成績，但我們都會有著同樣的苦惱，我們總是不滿足於現狀。儘管我們已經透過努力考入了自己理想的大學，儘管我們已經努力通過了某項考試，獲得了原本夢寐以求的工作，但是我們從不敢給自己一點肯定，我們想要改變，想要成為更好的自己。其實，我們可以嘗試更愛自己一點，不要過度壓榨自己，少點迷茫、擔心，偶爾停下來，和自己聊聊天。

在一段高強度的工作學習以後，抽時間做一個調整放鬆，休一天假或是休息一個小時，哪怕只是短短的幾分鐘。別把自己逼得太緊，物極必反，適可而止，勞逸結合才能走得更遠。

尼采曾說，「我們走得太快，是該停下來等等自己的靈魂了。」除了靈魂，我們要等的東西似乎還有很多，那些熬夜加班的日子，那些通宵達旦的補習，完成了上司交代的任務，完成了老師給的作業，身體卻已經開始抗議，我們是時候停下來照顧自己的身體了，我們是時候停下來調整自己低迷的情緒了。

6.3.3 停下來，欣賞欣賞沿途的風景

每個人的一生如同一場遠行，重要的不是目的地，而是沿途的風景以及看風景的心情。這話真是俗不可耐，但是我們卻又不得不承認它有一定的道理。

我們都為了某個目標奔跑，心裡只想著快一點、再快一點。吃飯快一點，上班快一點，匆匆地搭車，匆匆地出門，匆匆地長大，一切都顯得急不可耐。偶爾停下腳步，看看曾經或者正在走的路，看看路兩邊隨處綻放的花朵。

我看了看自己平時整理的素材，發現有一個小故事挺符合這個主題的，在這裡分享給大家。一支探險考察隊到印第安叢林中去探險，雇用了幾個當地的土著人做嚮導。在頭三天的探險途中，印第安人不但挑著沉重的擔子，還要手持砍刀在密林裡砍伐藤條樹枝，開闢出考察隊行走的小路，即便這樣探險考察隊員都無法追趕上他們。探險隊員們非常高興，認為自己沒有選錯人，對印第安人的工作效率很認可。可是到了第四天，這幾個印第安人卻怎麼也不肯出發了，他們懶懶地晒著太陽，探險隊員問他們為什麼前三天工作那麼努力，跑得那麼快，到第四天卻怎麼也不肯走了？印第安人回答說：「在我們的宗教裡，有這樣的說法——如果你的身體跑得太快的話，你的靈魂會跟不上的，所

以，一定要休息一天。我們要在這裡等我們的靈魂追趕上我們。」

6.3.4 停下來，問問自己到底是誰

有時候我一個人喜歡胡思亂想，想哲學中最經典的問題，也是人生三大終極問題：我是誰？我從哪裡來？我要到哪裡去？

我到底是誰呢？我是老爸老媽的傻兒子，未來可能是某個女孩的依靠，某個孩子的父親。可我，還應該是我自己。

這個世界上，有的人就是智力、情商超群，他們在管理著某間公司，甚至主宰著整個世界。可是大多數人應該和你我一樣，不過是一介凡夫，普普通通的一個路人。縱觀整個人類史，你我注定是一縷塵埃，注定平凡地度過這悠悠數十載。

平凡不等於失敗，我雖然平凡，但我可以擁有一個幸福的家庭；我雖然平凡，但有著自己的愛好，有著自己的追求。認識並接受自己的平凡，才是真正接納自己的開始。

接受平凡的那一刻，我長歎了一口氣，感覺多年來的壓力減輕了不少。接受了自己現有的容貌和身高，接受了自己的彷徨和無助，我開始活得更加自信。

接受平凡不代表我放棄了夢想，只是當我再談起它的時候，我的緊張和壓力已經變成坦然和動力，我不再擔心它實現不了。夢想於我而言不再完全是生活的必需品，它可

以成為我的意外驚喜，起到錦上添花的作用。輕鬆的時候把它端著，也許萬一實現了；疲憊時刻把它放下，偶爾渾噩。努力去做一個有二兩成就的人，但是也要做好準備，也許我此生，繼續平凡下去。

6.3.5 停下來，問問自己到底想要什麼

規劃的力量是強大的，偶爾停下來問問自己到底想要什麼？為什麼要這些？怎樣才能得到這些？列一個自己的人生規劃，將自己的夢想拆分成一個個可行的小目標，有了計畫就要去落實，千萬不要做一個「嘴上的巨人，行動上的侏儒」。

選擇自己的道路之前，首先要問問自己的腳，停下來，跟自己聊聊天，稚嫩的，荒唐的，膽怯的，勇敢的……拚命奔跑的時候，等一等自己的內心，等一等自己的靈魂，及時地作出調整，此刻的放鬆停止，只是為了讓你我在下一次奔跑中更有勇氣和信心，為了成就更好的自己，為了成為自己想要的自己，停下來，跟自己聊聊天吧。

6.4 平凡已是一種恩賜

我們仰慕別人的功成名就，豔羨別人的閃耀光環，時常感歎造化弄人，抱怨自己懷

才不遇，卻從來沒有想過：其實，平凡已經是很多人的奢望。

6.4.1 渴望平凡

小時候看動畫片，我幻想自己會飛、會隱身，抑或是如孫悟空般擁有七十二變的本領，最好還能如哆啦A夢一般，有一個萬能口袋，這樣自己就無所不能了。

我渴望與眾不同，想要如哥倫布一般能夠發現新大陸，改變人類歷史；如哥白尼一般提出日心說，顛覆整個時代的認知。

當然，我知道那些都是遙不可及的。學校體檢的時候，我渴望擁有AB型血，最好是RH陰性熊貓血，想擁有的原因只是與眾不同，「高人一等」。

有人說，人最可悲的是碌碌無為，卻又安慰自己平凡是真，平凡成了一種恥辱。我們仰慕別人的功成名就，豔羡別人的閃耀光環，時常感歎造化弄人，抱怨自己懷才不遇，卻從來沒有想過：其實，平凡已經是很多人的奢望。

我小時候體弱多病，動不動就鼻血不止，當時也不知道什麼原因，只知道每次流鼻血都很難止住，仰起頭止血，血便會從口裡狂吐不止。所以，不得不請假去醫院，但當時的我卻是無比興奮，因為我可以請假，這是其他同學不能享受的權利啊。

後來為此嚴重貧血，我開始害怕，開始想要和同學們一樣正常。後來查證是鼻腔上的毛細血管比正常人薄太多，稍微受到撞擊就容易破損。補了破，破了接著補，前後一共去了三家醫院，補了四次才算徹底治癒。

從那時起，我再也不想追求身體上的不同，我開始渴望平凡，渴望普通。原來，平凡已經是最大的特權。

6.4.2 捷運口的學長

週末，我跟同學約好去看電影，剛下捷運就被一個侏儒症青年的歌聲吸引，準確說吸引我的不是歌聲，而是他身體的異樣。我知道盯著看是對他的不尊重，我有意迴避他的眼神，不去看他，但還是忍不住瞟幾眼。當我看清他的容貌時我吃了一驚，不是因為他面部有燒傷或是其他，而是這人正是我高中的學長。

第一次見學長時印象很深刻，當時是中午，我在學生餐廳排隊盛飯，在另外一邊，一個矮小的身軀拿著碗踮著腳去刷卡，由於身高的原因，他竟然連刷卡的機器都夠不著，他請求後面的同學幫他，那同學或許是被嚇到，先是一愣，下意識地往後退，我彷彿能看到他的失落，但更多的是無奈。

之後在學校裡偶爾碰見學長，他永遠都是一個人，一個人吃飯，一個人跑步，一個人上廁所。

學長最後透過自己的努力考取了我們市裡最優秀的一所大學，我以為上了大學的學長應該會活得很開心，有他喜歡的科系，身邊有一幫接受過良好教育的師兄弟，但這一次在捷運口碰到的學長還是有點失落。

常有媒體報導，乞討者都是有組織化的成員，當你傍晚看到一個失去雙腿或者沒了雙臂的乞討者正心生憐憫的時候，他們甚至就當著你的面如同變魔術一般恢復到正常人的軀體。

騙子最可惡的不是騙了你的財產，而是讓你喪失了對真正需要幫助的人的同情。我開始慣性地思考這個社會的惡，甚至一棒子打死所有乞討者，認為他們都是騙子。

對於學長，對於身有殘疾的朋友來說，不可否認的是，同樣一件事他們要付出的比我們更多，甚至有時候連一個公平競爭的資格都沒有。

能擁有一個正常的身體，能像大多數人那樣健健康康，就已經是一種奢望。當你難過無助的時候，想想他們吧；當你抱怨命運不公的時候，想想他們吧。能擁有一個好的身體，或是有著愛我們的父母，已經是一大樂事了。

6.4.3 平凡已是一種恩賜

國、高中的時候，我們情竇初開。那個時候我們渴望給生命中摯愛的那個人最浪漫

6.4　平凡已是一種恩賜

的婚禮，渴望驚天地泣鬼神，儘管雙方父母反對，兩人最終還能衝破重重障礙相守一生，彷彿太過順利的戀愛就是對愛情的褻瀆。

直到現在，一個人的生活雖沒有太多不甘，但我還是會渴望有一個人能伴我左右。上班前親吻著她的額頭，把早餐放到桌上兩個人不用講太多話，安心吃飯就是幸福，下班到她公司去接她，開車也好，擠捷運也罷，只要有個人牽掛就是好的。

直到長大後，我才明白《愛情路》裡所說的平淡，「愛情的路是泥濘的，我陪你走過朝朝暮暮，經過柴米和油鹽，才懂得平凡是福，你就是我生命的珍珠！」

年輕人（包括我）大都崇尚自由，不喜歡朝九晚五的生活，想要當一個背包客行走天涯，走不同的路，一路上與美景相伴，與不同的人為伍。熱情，有活力成了年輕人的主流文化，渴望平凡自然而然被歸為非主流。

當然，夢想是要有的！人都渴望成為更好的自己，但更多人習慣性把更好的自己歸為更高的社會地位、更豐厚的收入。

我們害怕失敗，害怕碌碌無為，害怕一不小心就被人甩了一大截。

為了擺脫平凡，追求世俗規定的所謂成功，你我拚命努力，職場裡勾心鬥角甚至不惜違背初衷獲取「成功」，用眾多的標籤彰顯自己的不俗。你覺得你擁有了幸福，因為身邊的人都對你畢恭畢敬，自己也終於有了一擲千金的資本。

可你有沒有想過，當你被上司罵，加班到深夜，擠公車疲憊地回到家倒頭就睡。等到清晨起床，第一縷陽光打在窗外，推開窗簾，它們便迫不及待地霸占整個屋子，此刻的你是否能感覺到生命的美好，是否能感覺到這最普通不過的一個懶覺、一縷陽光就是一份幸福？

當你發著牢騷，吃著你覺得難吃的早餐，在老爸老媽的央求下再吃上最後一口，你討厭老爸老媽的煩人。此刻的你又是否感受到親情的無私？儘管你沒能如願成為一個富二代、官二代，但是你是否感受到這份來自父母的嘮叨也是一種幸福？

如果你覺得你很平凡，你想要變得與眾不同，那就努力拚搏，朝著更好的方向奮鬥，但別忘了此刻的你其實已經足夠幸福。大道至簡，普通不是平庸，只是懂得享受平凡，與平凡為伍，開始感受身邊的美好，感謝擁有的一切。

總有一個瞬間你會發現：人生也許就是過盡千帆，而我依舊澄淨；平凡已是一種恩賜，是最大的福氣，但願這一天能早點來臨。

6.5　你可記得自己也曾是個孩子

我們漸漸地長大，也漸漸地被這個社會同化，成為一名學生，按著標準的答案背誦，儘管不理解，但規定那樣答就有高分，於是我們變成了只會標準答案的做題機器。至於為什麼，不是我們要考慮的範疇。然後我們步入職場，面對上司的質疑，所有的創意都掐死在構想中，本著多一事不如少一事的原則，生怕自己因為過多的付出反而暴露出更多的錯誤，於是小心翼翼地呵護著現在擁有的一切。

6.5.1　每一個大人都曾經是個孩子，只是我們忘記了

法國著名作家安托萬・德・聖修伯里（Antoine de Saint-Exupéry）曾借《小王子》中天真可愛的小王子的身分對讀者說：「每一個大人都曾經是個孩子，只是我們忘記了。」

第一次讀這本書的時候，我已經成年，剛剛步入大學校園，讀這本書完全是因為它超高的人氣以及超高的評分。整本書的篇幅很短，讀書慢的朋友靜下心來一個小時也可以讀完。

匆匆看完，只覺得作者真矯情，脫離現實，根本不符合邏輯，跟如今充斥市場的成功學相比，顯得「毫無意義」。顯然，我對這本書的第一印象並不好，甚至覺得它浪費了我的時間。

暑假的時候，我被阿姨家兩個調皮的孩子纏上了，天天賴在我家不走，美其名曰

「作業不會寫，想讓我輔導他們」，實際上兩個小傢伙就是想躲過他們爸媽的監督，跑到我這裡來玩電腦。

倆小傢伙總體表現還不錯，雖然每次寫作業的過程曲折，常常要追著甚至「打」著，威逼利誘才趕在睡覺前寫好，但好在每天都按時按量地完成了。既然是威逼利誘，那肯定就是答應了一定的條件：睡前允許他們看一部電影。

倆熊孩子開學都上四年級，估計也是粉紅豬小妹、海綿寶寶看煩了，讓我給他們推薦一個大人看的動畫片。我不耐煩地說：「大人還看什麼動畫片，隨便看個早點睡覺。」

「看這個吧，這個是新出的呢。」其中一小鬼建議道。

「好，就這個。」另一小鬼積極回應著。

我躺在床上看書，眼睛掃了一眼螢幕，看到片名是《小王子》。我跟著他們一起看了這部電影，原本被電影那唯美的畫風引起注意，最後卻被電影傳達的簡單純粹所吸引。這是我第二次接觸《小王子》，也是徹底改變我對它看法的一次。電影裡的友誼是簡單的，陪伴也是簡單的，很樸實卻能直擊內心。

唯一讓我覺得心煩的就是兩個小傢伙不停地問為什麼：為什麼小王子的星球只有他自己？為什麼酒鬼要不停地喝酒，他不知道喝酒對身體不好嗎？（酒鬼是小王子離家後遇到的第三個人。小王子問他為什麼整天喝醉，酒鬼回答說是為了忘記自己感到難過的事。什麼事讓他難過呢？因為整天喝醉酒。）

或許這就是電影的魅力，比起圖書，不到兩個小時的電影裡呈現出來的畫面立體感更強，帶給我們的衝擊也更大，不由得讓我回憶起自己小時候的樣子。

小時候我和兩個小傢伙一樣，每次放暑假就跟脫韁的野馬一般不受控的玩耍，還沒玩夠，暑假快要結束，我趕緊抓住暑假的尾巴草草把作業趕完。

曾經的我們也都是個小王子，帶著一點可愛、一點稚嫩，但又總是充滿了無數的疑惑和幻想。

我們漸漸地長大，也漸漸地被這個社會同化，成為一名學生，按著標準的答案背誦，儘管不理解，但規定那樣答就有高分，於是我們變成了只會標準答案的做題機器。至於為什麼，不是我們要考慮的範疇。然後我們步入職場，面對上司的質疑，所有的創意都掐死在構想中，本著多一事不如少一事的原則，生怕自己因為過多的付出反而暴露出更多的錯誤，於是小心翼翼地呵護著現在擁有的一切。

6.5.2 向孩子學習

暑假前便答應了倆孩子，如果期末考得好就帶他們去遊樂園。有了動力果然不一樣，兩個孩子期末成績都取得了不小的進步，既然孩子們都做到了，大人們也得遵

守諾言。

陪伴我成長的地方是一個小鄉下，想要去遊樂場就得去市區，考慮到倆孩子還沒有坐過火車，我們便選擇了火車出行，一路上倆小傢伙充滿了期待，更充滿了各種疑問：為什麼鐵軌下面有那麼多碎石頭啊？為什麼火車過山洞的時候耳朵會痛啊？我們上廁所的排泄物都去哪裡了？當我告訴他們那些排泄物都直接留在鐵軌上時，倆傢伙不約而同地對視一番，表示不可思議。

儘管一再提醒讓他們保持安靜，倆小傢伙還是忍不住激動，看到一點新鮮東西屁股就坐不住了。

從沒有人如同小王子一般學著欣賞和享受火車奔馳的美感，我們慢慢地沒了孩童時那強烈的求知欲，火車僅僅是我們追夢的一個交通工具，唯一讓我們擔心的就是火車是否准點。

我們走得太匆忙，走得太規範，漸漸地把自己也給忘記了。小王子在地球上曾遇見了一位扳道工，他的工作主要是負責調度來來往往的火車，火車載運著對自己待的地方永遠不會滿意的大人們，而那些永遠不太滿意的大人們就包括你我。

《小王子》的作者聖修伯里認為，童年是盼望奇蹟、追求溫情、充滿夢想的時代，對比之下，大人死氣沉沉、權欲心重、虛榮膚淺。

我們越長大越糊塗，越長大越疲憊，枷鎖太多，欲望太多，自然負擔太重。你可曾記得自己也曾是個孩子，簡單，快樂，充滿了無限的求知欲，有著數不清的天馬行空的想法，甚至有著如今看來遙不可及的夢想，但那時的我們確是無比堅信。

如今的我們總是功利性地審視著一切，所有事情的好壞都以結果為導向，不如停下來，換一個角度，用孩童的角度重新看看現在擁有的一切，猛然間你會忍不住感慨一句：原來生活如此美好。

6.6 簡單一點，你想要的都會來

盔甲太重，人自然會累，行李太多，路注定漫長。當你的目標變得簡單起來、純粹起來時，那些曾經苦苦追尋的東西反倒都不請自來了。當你的生活變得簡單起來、純粹起來時，你會突然發現原來生活如此美好。生活就是這樣，當你試圖讓自己變得簡單時，一切也就真的簡單起來了。

6.6.1 不忘初衷，終會水到渠成

週末第一次參加聚會，參加的都是一些寫作的朋友，地點定在市區裡一家不起眼的

書店。小店雖然店面不大，但裝修可謂清新脫俗，宛若一顆明珠鑲嵌在這熙熙攘攘的市區裡，單是看到門市就已經給過往的人們一絲精神安慰。

簡單的寒暄後，大家暢所欲言，分享自己喜歡的文章。每個人把自己認為最好的或者網路瀏覽量最高的一篇文章分享出來，講講自己喜歡的理由以及說說自己存在哪些不足。

參加分享的人來自各行各業，樹森是一位初入職場的小白領，也是剛開始接觸寫文章，樹森講話的風格和他的文風一樣，特別直白，甚至有點小憤青，抱怨自己的文章蠻好的，可就是沒人閱讀。

最讓他搞不懂的是，明明自己花費了很多心思寫的文章卻無人問津，反倒是一些隨便的吐槽發洩更容易獲得大家的青睞，這讓他感到迷惘，不知道該怎樣堅持下去，是迎合讀者還是繼續堅持自我。

幾個月前我和樹森有著同樣的困惑，一些簡單的書單推薦、軟體評測或是一些吐槽發洩，遠比自己用心寫的文章點擊率更讓人欣喜。

為了提高點擊率，我開始寫一堆自己不喜歡的文章，看起來自己收穫了更多的點擊、更多的關注，可是我內心卻是無比的空虛。當初自己寫文章就是想寫點心裡話，講點身邊的人和事，分享點自己有限的經驗。為了點擊率我早已經忘了初衷，寫文章的目的也早已變質，雖然我已經摸索到了書單類文章的小門道，可以熟練地完成一篇毫無感情的文章，但還是痛下決心不再寫無意義的推薦，找回寫文章的初衷。

僅僅是一個月的改變，我重讀自己的文章，發現進步已經非常明顯，邏輯更加完善，思想也有了一定的深度。

很多事情如果我們賦予它更多本不該它承受的東西，事情就會發生改變。簡單一點，純粹一點，寫文也好，畫畫也罷，不忘初衷，相信終會水到渠成。

6.6.2 是你的，就是你的；不是你的，不必強求

樹森繼續分享他的感悟，說每次看到熱門作者那麼多的點擊、讚賞都讓他焦慮，為什麼和別人的差距那麼多，甚至有時候也會腹黑地覺得憑什麼他們的文章可以獲得這麼多欣賞。

生活累，一小半源於生存，一大半源於比較。其實簡單一點，少點比較，少點焦慮，你才剛初出茅廬，有壓迫感是好事，但別成為你的枷鎖。

快節奏的社會逼得我們每一個人都不得不學會多工並行處理的能力，所謂多工處理就是同時做兩件或兩件以上的事情，美其名曰充分利用時間，效率得到明顯的提高。可事實果真如此嗎？

你是否面對一堆書的時候很難一本一本看下去，到最後卻發現自己看了好幾本卻沒有一本讀完整，甚至不同作者的寫作風格，邏輯思維都讓你難以分辨，最終下來收穫寥寥無幾？

你是否計畫某個固定的時段背單字卻又突然發現自己還有作業沒有完成，你一邊擔心一邊繼續背單字，但是效率已經大打折扣？

我們的大腦如同一個電腦，任務越單一處理的速度也越快，同時運行多個任務可能導致當機。任務的轉換是有成本的，簡單一點，飯一口一口吃，事情一件一件處理，這樣你思維的連貫性才有保證。

除非某項任務你已經可以熟練操作，完成它已經只是一種機械的操作，你再嘗試多工並行處理。

是你的，就是你的，不是你的，不必強求。努力了，珍惜了，問心無愧。其他的，交給命運。

6.6.3 盔甲太重，人自然會累；行李太多，路注定漫長

一直很羡慕那些活得簡單的朋友，那些整體看起來大剌剌，甚至有點沒心沒肺的朋友簡直就是幸運兒。我羨慕他們的無憂無慮，羨慕他們的簡單自然。

6.6 簡單一點，你想要的都會來

簡單，是一種境界，更是一種選擇，如流水，能夠以柔克剛。冰心說：「如果你的心簡單，那麼這個世界也就簡單。」誘惑太多，雜念太多，如何讓自己獨善其身，學會放棄成了我們人人需要掌握的一項基本技能。

每一天我們的生活都被大量的無用資訊充斥，放棄那些無關緊要的事情，放棄那些無力控制的迷茫，放棄那些無用的社交。放棄該放棄的，留下該留下的，每個人的精力都是有限的，別把時間浪費在一些瑣事上，浪費在一些自己根本無力操控的事情上。

每到新學期的時候，為了一點補助金，各路人士可謂「八仙過海，各顯神通」，不管是真貧困還是假貧困，每個人都瘋了一樣地想要占便宜。我一直自視清高，對這樣的事情避之若浼。誰不想要錢，也沒幾個人會嫌錢多，但是為了自己的利益把真正貧困的名額擠掉，就算你得到了，你能花得安心嗎？

每個人的價值觀不同，追求也就自然不同。你想要獲得國家的補助，那你就好好讀書，爭取獎學金；你想要得到一個好的成績，那你就上課認真聽講，專心做筆記，下了課及時複習；你想要擁有一份體面的工作，那你就多請教前輩，問問需要準備哪些專業的技能。這才是我們應該做的，事情本身就是如此簡單。社會自然有它既有的法則，甚至有它不公平的一面，但是至少努力不會白費，即使結果不盡如人意，努力的過程已經收穫頗豐。

盔甲太重，人自然會累，行李太多，路注定漫長。當你的目標變得簡單起來、純粹起來時，那些曾經苦苦追尋的東西反倒都不請自來了。當你的生活變得簡單起來、純粹起來時，你會突然發現原來生活如此美好。生活就是這樣，當你試圖讓自己變得簡單時，一切也就真的簡單起來了。

6.7 親愛的，請給你的健康每天半個小時

我們總認為我們年輕，有資本，有的是精力折騰，去放肆，拿身體損害為代價去換取一些所謂的目標。

6.7.1 你的生活狀態是這樣嗎

你的睡眠好嗎？每天晚上不自覺地熬夜，無所事事地滑著IG，看著各式各樣的新聞，第二天一早起床卻已經忘得一乾二淨，你安慰自己熬夜是為了增加生命長度，可以獲取更多的資訊，學到更多的知識，可是這樣的資訊獲取除了浪費掉本該睡覺的時間之外，價值在哪裡？

翌日清晨，為了多睡一會兒，你又有多少次壓縮早上吃飯的時間，簡單地喝杯牛

奶，吃口昨天下午路邊買的麵包，甚至乾脆不吃，餓著等到中午再填飽肚子，拖著疲憊的身體急急忙忙往教室或辦公室裡飛奔。偶爾塞車，或者忘了設定鬧鐘導致遲到被老師責罰，被上司責罵，你又得為此悶悶不樂。

上學期間下課的時候還可以去買點零食墊墊肚子，雖說全都是一些高品質的垃圾食品，但也算有了飽腹感。可憐了辦公一族們，連個吃垃圾食品的待遇都沒有，空著肚子繼續處理著繁忙的工作，實在餓了沖包麥片抵擋一陣子。

一上午坐在一個小格子裡埋頭苦幹，除了上廁所以外，眼睛都沒離開過電腦螢幕、手機螢幕，感覺眼睛乾澀難受了，趕緊滴兩滴眼藥水繼續做事。一天工作下來早已經腰酸背痛，一心只想回到家就倒頭大睡，至於運動什麼的壓根就是奢望，根本就沒有時間，更沒有精力。

這樣的生活狀態你是否熟悉？親愛的，你有多久沒有運動，你有多久沒有出去跑跑步？你的家裡是否有一兩件用來健身的專用器械，你的手機裡是否裝有幾款專業指導健康生活的軟體？

6.7.2 以健康為代價的堅持值得嗎

李開復老師一直是我的偶像，他簡直就是天才。我把他的很多演講稿奉為經典。為

了工作，李老師每天的睡眠時間不足四個小時，比常人更多的付出、更多的努力讓李開復老師取得了傲人的成績，但不幸的是這樣的超人卻在二〇一三年九月對外宣布自己罹患淋巴癌。

曾經的超人一下子被擊倒，他放棄了工作，專注於治療和休養，不得不大幅度減少在社群軟體上的時間，把曾經為了工作壓榨的睡眠時間加倍奉還。

李老師曾在自己的社群軟體上這樣寫道：「在以往的職業生涯裡，我一直篤信『付出總有回報』的信念，所以給自己的負荷一直比較重，甚至堅持每天努力擠出三小時時間工作，還曾天真地和人比賽『誰的睡眠更少』、『誰能在凌晨及時回覆郵件』……努力把『拚命』作為自己的一個標籤。現在，冷靜下來反思：這種以健康為代價的堅持，不一定是對的。」

令人感到高興的是，在科學的治療以及李老師樂觀的心態下，現在李老師的病情已經得到了控制，李開復老師也開始重返工作職位。

我們總認為我們年輕，有資本，有的是精力折騰，去放肆，拿身體損害為代價去換取一些所謂的目標。你說你工作忙沒時間運動，你說你學習壓力大根本沒時間出去跑步。總之，對待健康，你有各種各樣的理由逃避。

我們身邊很多人的青春就是這樣度過的，也有不少的人因此取得了令人羨慕的成

6.7 親愛的，請給你的健康每天半個小時

績。我們常把熬夜貼上自己努力工作、學習的標籤，可是你是否留意到又有多少人因此患上各種疾病，甚至猝死，人生這朵花還沒來得及綻放就已經凋謝。

不說別人，就問問你自己：有多少個清晨因為熬夜感到頭痛難忍，又有多少次因此空腹導致胃部不適。

從今天起，可否在你的計畫清單裡擠出半個小時留給健康，用來運動呢？身體健康是本錢，這句話你要等到什麼時候才能徹底明白？

辦公、學習一段時間後，起身看看窗外，做做護眼操，扭扭身體，補充一下水分。上下班的時候嘗試選擇步行或者提前一站下車多走走路。早睡早起，喝一碗暖胃的小米粥，吃一點五穀雜糧，你還可以網購一個簡單的小啞鈴，在家看著電視的時候把窩在沙發上換成一邊運動一邊看電視。

週末的時候，別悶在家裡，和三五個朋友約著去環境清幽的公園跑跑步，條件允許時的也可以去郊區郊遊，呼吸一下新鮮空氣，放鬆一下緊張的心情。

改變其實很簡單，運動也無須占用你太久的時間，每天半個小時，堅持一段時間就會令你收穫頗豐。

6.7.3 關注心理健康

「值得注意的是，年輕時拚命工作或許沒有太大關係，但是年紀較大後，你就必須要照顧好自己的身體，要平衡好工作、喜好、家庭等各方面的需求。我不認為運動能夠從根本上改變你的工作狀態和身體狀態——雖然運動是好事，多運動也會讓你更有精力，但我相信能改變你的狀態的關鍵是從心理而不是生理。真正投入到你的工作中才是一種態度、一種渴望、一種意志。」這是李開復老師在患病前的一段演講，如今老師對此的態度想必會有很大的改變，但是裡面也給我們提到了心理健康。

比起身體上的健康，我們常忽視了心理健康帶給我們的不適感。憂鬱症、焦慮症等專業詞彙開始進入大眾的視線。

那麼，到底什麼才是心理健康呢？它是指人的心理與行為和諧、統一，並能良好地適應社會、適應環境的一種心理狀態。

我們都知道要保持樂觀，保持積極的生活態度，但往往就被一些瑣事煩心，好好的心情被老闆的批評、老師的指責給澆滅。

我們經常感覺到頭暈、四肢無力、身體麻木、疲勞感，嘗試去醫院檢查身體卻發現各項指標都很正常，查來查去就是查不到問題所在。其實，很多時候有這樣的症狀都是你的心理健康出現了問題。

心理健康出問題是由於外界環境改變、人際關係衝突及需求得不到滿足時引發的心理不適感。患心理疾病的人不僅心理會有暫時失衡，產生情緒波動，出現焦慮、緊張、悲傷等負性情緒，而且在生理上也會出現一系列不適感，如頭暈、失眠等。如果你對心理健康狀況不加以關注，那麼可能會導致自己產生心理問題或心理障礙。

如果你覺得現在的心理狀態嚴重影響到自己的生活，請你立刻去醫院看心理醫生，他們可以給你更加專業的指導。

身體健康、心理健康都不容忽視，兩者缺一不可，相輔相成。別等到身體出現不可逆的疾病時才意識到健康的重要性。

愛自己，就從愛自己的身體開始。

6.7.4 測試看看你的心理健康指數

下面是一個關於心理健康的測試題，僅供參考，不做專業的指導，簡單地測試一下你的心理是否「感冒」了。

一、你對小事耿耿於懷，愛鑽牛角尖。

A 沒有　B 偶爾　C 經常

二、總覺得自己不如他人，覺得自己低人一等。
A沒有　B偶爾　C經常

三、經常性失眠，常做噩夢，醒來頭昏腦漲。
A沒有　B偶爾　C經常

四、害怕失敗，擔心搞砸上司／老師交代的任務。
A沒有　B偶爾　C經常

五、出門後總是擔心門是否鎖好，簽字後甚至擔心筆誤簽錯名字。
A沒有　B偶爾　C經常

六、脾氣暴躁，總認為身邊的人對不起自己，甚至想要打一架。
A沒有　B偶爾　C經常

七、不明原因地感到疲勞，精力不足，渾身乏力，肢體有麻木感。
A沒有　B偶爾　C經常

八、迷茫不安，常感覺沒有活下去的勇氣和希望。
A沒有　B偶爾　C經常

測試結果分析：

A：零分B：一分C：兩分

（一）零至五分　心理狀況良好

恭喜你，你的心理健康程度良好，想必你一定是一個樂觀，充滿熱情的朋友。你可以很好地做到自我調節，不讓過多的生活瑣事成為自己的牽絆，輕裝上陣是你最大的武器，每一天都精神抖擻，偶爾的小失落也會在你良好的自我調節下化為烏有。

（二）六至十分　心理健康開始出現問題

朋友，你的心理健康開始出現了問題，但別擔心，從測試的結果來看，你不過是大多數人中的一分子，面對緊張的生活壓力、繁忙的工作學業，你的心理調節已經超負荷運轉，很多事情超出了自己的處理範疇，這讓你感到迷茫、惶恐，甚至有點自卑。別給自己太大的壓力，其實你比你想的更棒，要相信自己，不開心的時候出去跑跑步，看看自己喜歡的喜劇類電影，都可以排解你的壓力。

（三）十一至十六分　心理健康出現嚴重問題

朋友，你有著嚴重的心理健康問題。可能你並沒有發現，但是從測試結果看，至少有一樣事情讓你耿耿於懷，走不出困境，可能是愛情的創傷，也可能是過度的強迫症讓自己心煩意亂。如果只是短期這樣的話，及時作出調整；如果長期這樣，建議你去看看心理醫生，找找問題所在，重建健康心態。

電子書購買

國家圖書館出版品預行編目資料

二十幾歲的你還好嗎？高敏感不是只有你，而是整個世代都太不安 / 劉船洋著．-- 第一版．-- 臺北市：崧燁文化事業有限公司，2021.08

面；　公分

POD 版

ISBN 978-986-516-749-3(平裝)

1. 自我實現 2. 生活指導

177.2　　110009949

二十幾歲的你還好嗎？高敏感不是只有你，而是整個世代都太不安

臉書

作　　者：劉船洋

編　　輯：鄒詠筑

發 行 人：黃振庭

出 版 者：崧燁文化事業有限公司

發 行 者：崧燁文化事業有限公司

E-mail：sonbookservice@gmail.com

粉 絲 頁：https://www. 臉書 .com/sonbookss/

網　　址：https://sonbook.net/

地　　址：台北市中正區重慶南路一段六十一號八樓 815 室

Rm. 815, 8F., No.61, Sec. 1, Chongqing S. Rd., Zhongzheng Dist., Taipei City 100, Taiwan

電　　話：(02)2370-3310　　　　傳　　真：(02) 2388-1990

印　　刷：京峯彩色印刷有限公司（京峰數位）

律師顧問：廣華律師事務所 張珮琦律師

定　　價：350 元

發行日期：2021 年 08 月第一版

◎本書以 POD 印製